Orar 15 dias com
GUILHERME JOSÉ CHAMINADE

ROGER BICHELBERGER

Orar 15 dias com
GUILHERME JOSÉ CHAMINADE

Fundador da Família Marianista

EDITORA
SANTUÁRIO

DIRETOR EDITORIAL:
Marcelo C. Araújo

EDITORES:
Avelino Grassi
Edvaldo Manoel de Araújo
Márcio F. dos Anjos

COORDENAÇÃO EDITORIAL:
Ana Lúcia de Castro Leite

TRADUÇÃO:
Walderez Saminetti Ribeiro

COPIDESQUE:
Leila Cristina Dinis Fernandes

REVISÃO:
Camila de Castro Sanches dos Santos

DIAGRAMAÇÃO E CAPA:
Rafael Felix de Souza Gomes Silva

Dados Internacionais de Catalogação na Publicação (CIP)
(Câmara Brasileira do Livro, SP, Brasil)

Bichelberger, Roger
  Orar 15 dias com Guilherme José Chaminade: fundador da Família Marianista / Roger Bichelberger; [tradução Walderez Saminetti Ribeiro]. - Aparecida, SP: Editora Santuário, 2012. (Coleção orar 15 dias)

  Título original: Prier 15 jours avec Guillaume-Joseph Chaminade: foundateur de la Famille marianiste
  ISBN 978-85-369-0265-4

  1. Chaminade, Guillaume-Joseph, 1761-1850 - Ensinamentos 2. Meditações 3. Orações 4. Vida espiritual I. Título. II. Série.

12-04814 	CDD-242

Índices para catálogo sistemático:
1. Meditação e oração: Cristianismo 242

Todos os direitos em língua portuguesa
reservados à **EDITORA SANTUÁRIO** – 2012

Composição em CTcP, impressão e acabamento:
EDITORA SANTUÁRIO – Rua Padre Claro Monteiro, 342
12570-000 – Aparecida-SP – Fone: (12) 3104-2000

*O autor agradece aos membros da Família
Marianista que lhe deram apoio e,
mais particularmente, aos padres Vincent Gizard,
provincial dos Religiosos Marianistas,
e Adalbert Muller, antigo provincial,
suas contribuições e seus conselhos.*

INTRODUÇÃO

Guilherme José Chaminade, beatificado em 3 de setembro de 2000 pelo Papa João Paulo II, é um homem para o nosso tempo. Poderíamos perguntar: como é possível que um sacerdote morto em 1850 seja um homem para nosso tempo? É que, naqueles anos da Revolução Francesa, do Império e da Restauração, ele soube estar aberto a sua época, para poder dar o melhor testemunho daquele que, segundo Julien Green, nos ama com um "amor inominável": Jesus, o Cristo. *Nova bella elegit Dominus*, gostava de repetir: "O Senhor escolheu novos combates", o mesmo Senhor que havia dito aos seus discípulos que não convém colocar vinho novo em odres velhos.

Tal como o Vaticano II nos incitou, o Papa João Paulo II e os bispos do ano do Jubileu (2000) também nos incitaram, Guilherme José Chaminade entrou antes de nós, e bem resolutamente, no mundo de seu tempo.

Com efeito, em plena Revolução Francesa, em pleno Terror de Bordéus, decidiu rebelar-se e negou-se a prestar juramento à Constituição Civil do Clero, continuando seu apostolado com diferentes disfarces e celebrando a Eucaristia na clandestinidade, pondo sua vida em perigo.

Além disso, na volta do seu exílio em 1800, olhou a realidade de frente, sem saudade do Antigo Regime e da aliança do Trono com a Igreja; imaginou um jeito diferente de viver como Igreja, um modo menos *clerical*, distante de todo espírito de casta ou classe, sem distinção de idade ou sexo; e, da sua maneira, contribuiu para "reinventar" a Igreja.

Escolheu os leigos como base para a *nova evangelização* que se impunha naquela França descristianizada e criou a "Congregação", inspirada, certamente, em modelos jesuítas anteriores. Uma congregação de jovens de ambos os sexos, de pais de família, na qual cada um é testemunha em seu ambiente: o jovem para o jovem, o operário para o operário. Exatamente o que a Ação Católica, da qual foi precursor, proporia.

Pôs esse *exército* de leigos sob o comando da Mulher, Maria, mãe de Cristo e mãe dos homens.

E quando teve de responder ainda melhor à solicitação de alguns e à inspiração que recebeu em Saragoça, aos pés de Nossa Senhora do Pilar, suscitou, na Igreja, as religiosas marianistas, precisamente, com uma mulher, Adela de Batz de Trenquelléon. Um ano mais tarde, nasceram os religiosos marianistas. Religiosas e religiosos teriam como primeira missão ser os animadores dos grupos de leigos da Congregação. Seus religiosos não teriam um hábito específico e, entre eles, simplesmente se tratariam por *senhor*.

Confiou a todos os seus discípulos a missão de estar a serviço dos jovens e dos mais pobres. Assim foi que os membros da Congregação ocuparam-se dos limpadores de chaminés e, sob a proteção e direção de Maria Teresa de Lamourous, ocuparam-se também de mulheres que haviam exercido a prostituição. A partir daquele momento, alguns se dedicaram ao ensino como melhor meio de ajudar o homem a emancipar-se e crescer como pessoa.

Mas a maior das "modernidades" de Chaminade é a que compartilha com os santos de todos os tempos. Sabia que nada de bom se pode fazer no âmbito da vida espiritual nem do apostolado, sem a oração, o *alento* do crente, que o insere totalmente no *ambiente divino*, no seio do Amor, no seio da Trindade. Também sabia que não se pode separar o Filho da Mãe e, por essa razão, não passou um único dia sem rezar a Maria. Hoje queremos entrar na "escola de oração" de Chaminade, que confiou um carisma original à família espiritual que fundou na Igreja. Que esses 15 dias que passamos em sua companhia nos ensinem a orar melhor para viver melhor.

ABREVIATURAS

ED	*Écrits de Dirección (3 tomos, 1954, 1956, 1960)*
EM	*Écrits Marials (2 tomos), 1966*
EF	*Écrits sur la Foi, 1994*
EdF	*Esprit de notre fondation (3 tomos), 1910*
EP	*Écrits et Paroles (5 tomos), 1994 s.*
EO	*Écrits d'oraisons, 1969*
L	*Lettres de M. Chaminade (Cartas, 8 tomos), 1930-1977*
M	*Manuel du Serviteur de Marie*
H	*Hoffer, P. J.: La Vie Spirituelle d'après les écrits du père Chaminade, Roma, 1969*
Esp	*El espíritu que nos dio el ser (Antología Fundamental marianista), 1992, da ed. espanhola*

VIDA DE GUILHERME JOSÉ CHAMINADE

Guilherme Chaminade nasceu em uma quarta-feira, 8 de abril de 1761, no lar de Catarina e Blaise Chaminade, comerciante de telas. Foi o décimo quarto filho dessa numerosa família de Périgueux e seria sempre o irmão *menor*, mimado por seus pais e irmãos maiores.

Com os filhos que sobreviveram, a família se instalou na rua Taillefer, à sombra da catedral Saint Front. Catarina Chaminade se preocupava, muito especialmente, com seu filho caçula, mas quando Chaminade completou dez anos, aceitou confiá-lo ao primogênito João Batista, antigo jesuíta, que dirigia o colégio São Carlos em Mussidan. Seu irmão Luís Xavier o precedeu no colégio. Em Mussidan, como em Périgueux, havia uma grande devoção mariana. Uma vez, quando se feriu no tornozelo, Guilherme, que havia acrescentado José ao seu nome por ocasião de sua Crisma, e que agora assinava G. José, curou-se por intercessão da Virgem Maria. Para lhe dar graças, acompanhou, a pé, seu irmão João Batista em peregrinação ao Santuário de Nossa Senhora de Verdelais.

Com a idade de 12 anos, Guilherme José sentiu-se chamado ao sacerdócio e, aos 16, fez seus primeiros votos como membro da Congregação de São Carlos (os únicos votos que fez em sua vida e que ficaram *profundamente gravados em seu coração*). Depois de uma breve permanência em Paris, foi ordenado sacerdote durante a vigília de Pentecostes de 1785. Destinado como ajudante de seu irmão mais velho, trabalhou com notável êxito na administração do colégio São Carlos de Mussidan.

Sem dúvida, teria ficado em Mussidan como administrador, educador, capelão do hospital e responsável pela capela, se não fosse pela Revolução Francesa, que o levou a Bordéus, onde, como sacerdote refratário à Constituição Civil do Clero, exerceu seu ministério clandestinamente, disfarçado de caldeireiro. Um dia, salvou-se graças à grossura do fundo de um tonel que emborcaram sobre ele para escondê-lo e sobre o qual os policiais revolucionários brindaram.

Depois de um breve tempo de sossego, durante o qual abriu em Bordéus um oratório em honra à Virgem, e apesar de sua submissão "às leis da República", teve de se exilar em 1797 e cruzar a fronteira da Espanha como "cultivador de vinho". Em 11 de outubro, véspera da festa de Nossa Senhora do Pilar, chegou a Saragoça...

O desterro durou três anos. Um exílio transcorrido na pobreza e na renúncia, pois os sacerdotes franceses, suspeitos de galicanismo, não estavam autorizados nem a pregar, nem a catequizar, nem sequer a confessar. Um desterro vivido, portanto, na oração, na reflexão e em projetos. Bernard Daries, antigo companheiro de Mussidan, fazia circular um esboço de "congregação dedicada à Virgem Maria". Guilherme José Chaminade, que se perguntava qual seria a melhor maneira de re-evangelizar a França em seu regresso, recebeu esse texto na ação de graças. Aos pés de Nossa Senhora do Pilar, rezava e meditava. Ali, conforme conta mais tarde, recebeu uma *inspiração*: voltar a cristianizar a França como *missionário apostólico*, trabalhando por meio de uma nova família espiritual, sob a bandeira da Imaculada, para formar cristãos em um âmbito que ultrapassava o ambiente paroquial habitual.

Quando voltou a Bordéus, em 1800, apressou-se a pôr em prática essa inspiração. Em 8 de dezembro de 1800, iniciou a Congregação, que se constituiu oficialmente em 2 de fevereiro de 1801. Assim nasceu a Família Marianista... Os primeiros congregados eram leigos que Chaminade sonhava converter em "missionários" nos ambientes que viviam. Para isso, *entregou-os* à Virgem e se pôs a aprofundá-los na fé, iniciando-os em uma vida de oração intensa. Um ano mais tarde, já eram cem e, muito rapidamente, mais de 300.

Já em 1801, formou-se o ramo feminino da Congregação de Maria Teresa de Lamourous, a quem também ajudaria, daí para frente, a organizar a obra da Misericórdia, para acolher as "jovens arrependidas". Esse ramo se enriqueceu mais adiante com a contribuição da "Pequena Associação" que Adela de Batz de Trenquelléon havia suscitado e desenvolvido com suas companheiras na região de Agen.

Em 1801, Chaminade havia obtido o título de "missionário apostólico"; em 1804, foi recomendada a ele a capela chamada da Madalena, em Bordéus, que se converteu em um verdadeiro centro de sua ação apostólica. Enquanto isso, a Congregação se desenvolvia e crescia, até que em 1809 foi proibida pelo poder político. Então, surgiu, pela primeira vez, a ideia de "votos no mundo" e o esboço do que mais adiante seria a "Aliança Marial".

Em 1816, fundou com Adela de Batz de Trenquelléon a congregação das religiosas marianistas, as Filhas de Maria. Um ano mais tarde, nasceu o *ramo masculino dessa ordem*, os religiosos marianistas ou Companhia de Maria. Os primeiros religiosos haviam saído das fileiras da Congregação, na qual assumiram a missão de animadores, como as religiosas marianistas.

De sua parte, no seio da Congregação, verdadeira "missão permanente", foram abertas numerosas "oficinas" de compromisso: uma de literatura de inspiração cristã em 1820, com a obra dos "bons livros"; outra, para visitar os cárceres; outra, de limpadores que procediam de Auvérnia; e outra, não menos importante, de educação cristã de jovens. Precisamente, nessa direção, iria comprometer-se, em seguida, a recente Companhia de Maria já em 1819. Em 1821, foi implantada na Alsácia e depois no Franco-Condado. Logo em seguida, nasceu o projeto de fundar e animar Escolas Normais para a formação de professores em toda a França... A revolução de 1830 suscitou toda espécie de dificuldades, brecando o desenvolvimento e os projetos, ao mesmo tempo em que ocasionou o afastamento temporário de Chaminade de sua querida cidade de Bordéus.

Em 1834, vê-se pressionado a explicar a seus discípulos que o fim da Companhia de Maria não era "ficar no ensino e muito menos no ensino da classe média, mas adaptar-se às necessidades dos lugares e das *épocas, para evangelizar o melhor possível o mundo dos jovens e dos adultos*" (Vincent Gizard). Na carta dirigida a seus "filhos" com data de 24 de agosto de 1839, verdadeiro "testamento" do fundador, encontramos alguns enunciados essenciais que queremos ressaltar aqui, para compreender bem o homem e sua obra. Depois de haver constatado *"que a grande heresia reinante é a indiferença religiosa, que vai afundando as almas no embotamento do egoísmo e do marasmo das paixões"*, faz um chamado para fazer uma aliança com Maria (fala, inclusive, de *contrato*), a *"Mulher prometida para esmagar a cabeça da serpente"*: *"a ela está reservada em nossos dias uma grande vitória, a ela corresponde a glória de salvar a fé do naufrágio, ao qual se vê ameaçada entre nós"*. É necessário, pois, estar *"dispostos a voar para onde ela nos chame para propagar... o Reino de Deus entre as almas"*. Assim, o traço distintivo de seus discípulos, seu *"ar de família"*, será sua pertença a Maria: *"Somos, de modo especial, os auxiliares e os instrumentos"* da Virgem, *"na grande tarefa de aumentar a fé"*. E esta é a razão para que se comprometam *"a fazer que Maria seja conhecida, amada e servida"*, convencidos como estão de que não se pode *"levar os homens a Jesus"*, a não ser por meio de sua Mãe. Por isso, adotaram como divisa as palavras de Maria aos servidores de Caná: *"Fazei o que Ele vos disser"*. *"Nossa obra é grande* — exclama —, *é magnífica. Somos os missionários de Maria... A cada um de nós, (a Virgem Maria) encomendou uma tarefa para trabalhar pela salvação de nossos irmãos no mundo"*.

Fortemente influenciado pelos padres da Igreja, o beato Chaminade, evidentemente, o foi também pela "Escola francesa de espiritualidade", fundada por Pierre de Bérulle no século XVII. Para essa escola, o cristianismo consiste, antes de tudo, na relação íntima com a pessoa de Jesus Cristo. O Vaticano II daria ênfase às grandes intuições da "Escola francesa": além da relação pessoal com Jesus Cristo, o chamado à santidade para todos, o sentido da Igreja como mistério de comunhão, a coerência de fé e de vida, a presença de Maria na vida do cristão... Para chegar a essa relação íntima com Cristo, o Senhor, o papel da oração é, indubitavelmente, fundamental...

Os últimos anos de Guilherme José Chaminade foram anos difíceis. Surgem problemas financeiros, dissensões dentro da própria Companhia de Maria (na qual será substituído como superior-geral em 1845)... Afetado por um ataque de apoplexia que o privou da palavra, em 6 de janeiro de 1850, morreu em 22 de janeiro, reconciliado com os seus. A notícia de sua morte se propagou por Bordéus como um rastilho de pólvora. "O santo morreu! O santo morreu!" Deixava atrás de si uma "obra magnífica", uma família espiritual original, hoje espalhada pelos cinco continentes e que compreende, por ordem cronológica, leigos agrupados em Comunidades Leigas Marianistas ou Fraternidades, um instituto de leigas consagradas, chamado Aliança Marial, religiosas (as Filhas de Maria) e religiosos (a Companhia de Maria) que continuam sua obra de evangelização a serviço dos jovens e dos mais pobres. Uma família espiritual original na Igreja, a serviço de um *carisma* que é proposto como um tesouro para todos.

Primeiro dia

VIVER NA PRESENÇA DE DEUS

Manter-se sempre na presença de Deus. Para isso, é preciso cultivar com muito cuidado o exercício dessa santa presença... Tenhamos, pois, na medida do possível, nosso espírito sempre atento e nosso coração sempre unido a Deus. Consideremo-nos dentro da essência divina, penetrados e rodeados dentro e fora, e inundados por todas as partes por este ser imenso, como uma esponja dentro do mar, como um vaso de cristal exposto aos raios do sol ou como uma barra de ferro no meio de um fogaréu. Ou, então, contemplemos a Deus dentro do nosso coração como em seu templo... (ED II, 190).

E se pudéssemos estar profundamente penetrados pela presença de Deus, a qualquer hora do dia (e da noite)? Se fôssemos conscientes disso, em primeiro lugar, e em seguida vivêssemos continuamente nessa presença, toda nossa vida não se transformaria?

Consideremos com Guilherme José Chaminade esta forma de viver: o que é, por que é para nós uma das coisas mais importantes, que nos encaminha a todos os lugares, que nos compromete... e como vivê-la.

A presença de Deus: sua "natureza"

Chaminade acreditava *na santa presença de Deus em todos os lugares* (ED II, 117). Essa presença aparece como o "entorno divino" do qual Teilhard de Chardin fala, o entorno da Santíssima Trindade, do Deus de Amor, o Deus Trino e Uno. Nesse entorno, estamos submersos como uma esponja no mar, — diz Chaminade; a esse Sol estamos expostos como o vaso de cristal; estamos imersos no fogo da Divina Presença como o ferro introduzido no fogo. Mas é necessário que sejamos conscientes dessa maravilha que condiciona toda a nossa vida.

A importância de viver na presença de Deus

Se a esponja mergulhada no mar se ensopa de água viva; se o vaso de cristal se converte plenamente em um facho de luz ao expor-se aos raios de sol; e se o ferro no fogo começa a transformar-se até se tornar flexível para ser forjado para servir, o mesmo sucede conosco, quando vivemos na presença de Deus que é amor: a água viva da graça poderá ensopar-nos, o fogo do "Outro Sol" (Olivier Clément) poderá propagar-se em nós e por meio de nós, de modo que todo o nosso ser poderá ser transformado. Santo Atanásio dizia: "Deus se fez homem, para que o homem se faça Deus".

A vida na presença de Deus nos traz — estamos vendo isso — o *essencial* que nos fará viver verdadeiramente. Para confirmar isso, Chaminade cita São Paulo: "Pois nele (Deus) vivemos, nos movimentamos e existimos" (At 17,28). Dito de outra maneira, nele temos tudo.

Os "benefícios" de viver na presença de Deus

A vida na presença de Deus nos cumula evidentemente de imensos benefícios. E o próprio Deus não é o maior de todos, o maior dom que existe? Viver no seio da Trindade, Pai, Filho e Espírito Santo, não é a própria fonte da felicidade? *De certo modo, é viver o céu nesta terra, uma vez que o céu consiste em viver na presença de Deus* (ED II, 126).

Viver na presença de Deus nos promete isso. Além dessa felicidade — diz Chaminade —, nós recebemos *"a pureza da alma, a santificação de nossas ações, oportunidades de praticar a virtude e a elevação imperceptível a um alto grau de perfeição"* (ED II, 119). Ou seja, começa nossa metamorfose. É puro de coração aquele que não faz cálculos, como uma criança cheia de confiança. Essa metamorfose nos faz viver e agir de outro modo com nós mesmos e com os outros: aprendemos a nos amar como o pai nos ama e a olhar os irmãos com o mesmo olhar de Deus. Assim nossas ações e nossa vida serão santas com a mesma santidade de Deus... Se é preciso uma vida para tornar-se santo, que melhor maneira de conseguir isso a não ser esta vida na constante presença de Deus?

Como viver na presença de Deus

O que fazer para viver na constante presença do Deus-Amor, *penetrados (por Ele), rodeados por fora e por dentro e inundados por todos os lados?* Padre Chaminade propõe uma preparação e múltiplos meios.

Um método de preparação

Do seu método progressivo de preparação para viver na presença de Deus, (comparável, de certo modo, aos exercícios de Santo Inácio), só vamos prender-nos à primeira parte.

Para *"sermos capazes de colocar-nos na presença de Deus"*, somos convidados, em primeiro lugar, a praticar cinco silêncios: o silêncio da palavra, dos gestos, da mente, das paixões e o da imaginação. Não de forma negativa, mas positiva. Os silêncios "exteriores" (palavras e gestos) nos evitarão a dispersão por causa de falatórios ou de vã agitação. Os silêncios "interiores" (mente, paixão e imaginação) nos preservarão da curiosidade fútil que impede toda concentração, da turbulência das paixões desenfreadas, das divagações do tipo da que Pascal chamava "a louca da casa" (imaginação). Saberemos falar com palavras ou com gestos no momento oportuno; nossa mente se dedicará ao que vale a pena, nossas paixões serão construtivas e nossa imaginação criadora. Tudo isso nos será de grande utilidade tanto para nossa vida normal como para o "recolhimento" de que necessita quem quer viver na presença de Deus.

"A alma se prepara", dizia Chaminade. Veste-se com traje de gala, como nos vestimos de gala para acolher melhor, acima e inclusive em meio às vicissitudes diárias, aquele em cuja presença queremos viver em todos os instantes, porque sua única presença constitui nossa felicidade.

Outros meios para viver na presença de Deus

O primeiro meio é, naturalmente, a fé. É preciso crer e querer crer na presença daquele que nos criou, que nos salvou e nos salva cada dia. Temos, pois, que aplicar nosso entendimento (nossa inteligência a essa crença) à imagem do salmista, citado por Chaminade: "Se subo aos céus, lá estás tu; se desço ao abismo, ali te encontras; se voo até limite da aurora, se vou até os confins do mar, lá tua esquerda me alcançará, e tua direita me segurará" (Sl 138; EF 595). Temos de fazer como Moisés (e querer fazê-lo), "como se visse o invisível" (Hb 11,27; EF 595).

Para poder crer na presença de Deus, devemos estar atentos em todos os momentos; *"(a primeira coisa),* escreve Chaminade, *é uma atenção contínua à presença de Deus, em quem pensamos continuamente e de quem não poderíamos esquecer, porque o amamos de maneira única..."* (EF 755). Temos de transformar essa atenção em hábito e, para isso, exercitar-nos regularmente, com uma especial disposição da alma e do coração (EF 592).

Disposições particulares

"Falarei ao meu Senhor, eu que sou pó e cinza", diz o Gênesis (18,27). Saberemos ter essa atitude de simplicidade, de confiança e de respeito em sua presença?

E o salmista acrescenta: "Lembrei-me de Deus e isso foi minha alegria" (Sl 76). É tão grande minha confiança que, aconteça o que acontecer, Deus sempre será o meu amparo, minha rocha, a causa de minha alegria?

E mesmo que, às vezes, eu duvide, mesmo que eu me pergunte por que não sinto a presença do Amado, saberei permanecer, através das nuvens e das trevas da fé, das quais fala Chaminade, como São Paulo, que afirma que "agora vemos em um espelho, um enigma, mas (um dia) nos veremos cara a cara" (cf. 1Cor 13,12)?

Então, poderemos permanecer na presença do Senhor e caminhar a sua frente: "O Senhor, Deus de Israel, em cuja presença estou, vive" (1Rs 17,1), diz a Escritura, e a Abraão, Ele disse: "Anda na minha presença e sê perfeito" (Gn 17,1). Saberemos viver na presença daquele sobre o qual o Evangelho diz: "No meio de vós está alguém a quem não conheceis" (Jo 1,26). Temos de elevar nosso pensamento a Ele, desde o despertar, recordar frequentemente sua presença no decorrer das horas, vê-lo no irmão com quem nos encontramos... Também teremos de lhe falar no mais secreto do coração, encontrar tempo para Ele, escutar sua palavra e, inclusive, rezar-lhe como quem respira.

> Senhor, nosso Deus,
> tu que nos envolves com tua presença
> e nos penetras no mais íntimo,
> concede-nos ser conscientes desta presença,
> viver sempre nela,
> e irradiá-la em cada instante de nossa vida.
> Amém.

Segundo dia

REZAR COM CRISTO SEM CESSAR

Se procuramos conservar nossa união com Jesus Cristo durante toda a nossa oração, unimo-nos a sua oração, sua oração é nossa oração... Ele oferece nossa oração, que é também sua oração (EF 500).

Assim como temos de "comungar" com o ambiente atmosférico mediante a respiração, para sobreviver, do mesmo modo, necessitamos "comungar" com o ambiente divino, mediante a respiração da alma e de todo o ser, que é a oração. A essa oração-respiração o apóstolo nos convida, quando nos diz que "rezemos sem cessar".

A essa oração, cujo modelo encontramos no próprio Cristo, por sua vez, Chaminade nos convida.

A prece ou a "oração da presença de Deus"

Ser conscientes da presença do Deus de Amor, que nos penetra como os raios do sol que atravessam o cristal, e viver nessa presença ao longo do dia, é uma forma de oração que pode culminar em um tempo forte, que Chaminade chama o tempo *"da oração de presença de Deus"*.

Ele define essa oração como uma *"atenção agradável à presença de Deus"* por parte de quem reza, desse Deus a quem *"olha... com toda a atenção de seu coração, sem querer pensar em nada mais que nele"* (EdF I, 324). Para isso, Chaminade recomenda uma grande simplicidade durante todo o tempo da oração. As maneiras de se preparar são *"um simples olhar do espírito, acompanhado de um tranquilo ardor do coração, e uma aspiração e impulso do coração"*. É preciso permanecer — diz — *"colado e preso fortemente"* ao Deus Amor e *"deixá-lo agir"* (ED II, 191). Alguém lembra do camponês do Cura d'Ars, recolhendo-se diante do Santíssimo e dizendo simplesmente: "Eu olho para ele e Ele olha para mim".

Um tempo forte de oração como esse deve refletir-se evidentemente durante todo o dia e fazer da jornada uma *"continuação da oração"*.

Ante a Presença, adorar

Outra forma de oração-respiração que Chaminade propõe ao seu discípulo é a adoração que nasce da presença do Amado.

Etimologicamente, "adorar" significa dirigir sua boca, seus lábios, a alguém e, ao fazer isso, falar-lhe. Mas para dizer o quê?

Segundo Chaminade, adorar tem um duplo sentido: primeiro convém reconhecer o Outro pelo que é: Pai e Todo-Poderoso, como diz o Credo. Pai, *Abba*, papai, a quem devo tudo e, em primeiro lugar, minha existência. Todo-Poderoso, Criador e, portanto, doador do mundo, cuja administração e consagração nos confia. Em seguida, convém adorar "em espírito e verdade" (Jo 4,24), isto é, na fé, na esperança e na caridade. *"Todo ato de adoração que depende da fé viva deve estar sempre cheio de amor. Se não houver amor, se o amor não for o princípio, se não for o princípio do ato de fé, do ato de esperança, estes atos não valem nada"* (EF 464). Adorar é, pois, reconhecer o Outro Todo e simplesmente amá-lo.

Adorar pode ser também, depois de haver contemplado *"as belezas, as maravilhas do universo"* ("manto da glória de Deus", como dizia um padre da Igreja), reconhecer com o profeta Isaías "que Deus fez e sustém o mundo com três dedos" (Is 40,12; *Vulgata*) e, por essa Onipotência, por essa Sabedoria, por essa Bondade, responder ao seu Amor com amor, *"porque o eu não é o que é, o mundo não é o que é, mas Deus é o que é e só Ele merece o amor, a confiança e a adoração"* (EF 202). Uma vez mais, adorar significa amar.

Adorar assim e amar assim é como que o estado natural do homem. Não fazê-lo implica algo "monstruoso", quer dizer, etimologicamente, algo que apontamos com o dedo, porque não é conforme a natureza profunda do homem.

O próprio Jesus Cristo nos convida, exatamente, para essa adoração-amor.

Orar com Cristo presente

O evangelista Mateus nos destaca, ao final de seu relato da Boa-Nova, que Jesus disse aos seus discípulos: "Estarei convosco todos os dias até o fim dos tempos" (Mt 28,20).

Antes de nos mostrar como podemos orar sem cessar com Jesus, o Filho que diz *Abba*, Pai, Chaminade insiste nessa presença-conosco de Jesus Cristo, o Senhor.

Para entendê-lo melhor, em uma carta a um de seus orientados recorre a Olier que, em seu breve *Catecismo Cristão*, afirma que Cristo habita em nós: "Não sou eu quem vos diz — escreve —, mas São Paulo quem o afirma com estas palavras: 'Cristo habita em vossos corações pela fé' (Ef 3,17). Jesus Cristo habita em nós. E Olier explicita que essa *"habitação"* é, ao mesmo tempo, a do Verbo de Deus e a de Cristo Salvador, daquele que nos dá a vida humana e daquele que nos faz participantes de sua vida divina. Segundo Chaminade, o efeito dessa presença é tal que, muito mais que uma presença, se converte em *"união admirável, união divina... com Jesus Cristo"* (EF 381-383).

Com Ele formamos já um só corpo, uma só vinha, cuja cepa é Ele, e nós, suas ramas.

Em que se converte nossa oração, se orarmos com Ele?

Ocasiões de orar

De forma bastante realista, segundo seu costume, Chaminade precisa as ocasiões que nos são oferecidas para orar com Cristo.

Naturalmente, podemos orar com Ele no íntimo de nosso coração. Cada vez que me dirijo ao meu quarto, a uma capela, a algum belo lugar da natureza, retiro-me para orar com Cristo, como Ele mesmo fazia, quando se retirava à montanha, por exemplo. Mas essa oração nunca é uma oração fechada em si mesma.

Por isso, Chaminade insiste na oração eucarística, que faz Cristo presente, sob as espécies do pão e do vinho. *"Jesus Cristo, no sacramento de seu amor, não cessa de atrair a misericórdia de Deus sobre os homens de boa vontade, o mesmo Jesus que vive no sacramento de seu amor"* (EF 394).

Por seu lado, o ofício divino nos permite recitar com Cristo e em comunhão com toda a Igreja os mesmos salmos que Ele rezava.

Chaminade também evoca a presença de Cristo em sua Palavra: *"Quanto mais atentos em ouvir e meditar a Palavra, [...] mais a saboreamos, mais a amamos, mais a compreendemos e mais descobrimos seus tesouros"* (EF 267). Tesouros que devemos compartilhar com os irmãos, que são também "sacramentos" da presença do Senhor.

Assim, pois, se soubermos aproveitar essas ocasiões de rezar com Cristo, o que acontece, então, com nossa oração? Parafraseando o apóstolo, poderíamos dizer: Não sou eu quem ora, é Cristo quem ora em mim. Que maravilhosa relação!

A oração das três horas

Como estamos vendo, temos numerosas ocasiões de orar com Cristo; estas nos permitem transformar nossa oração em uma oração-respiração. Vamos limitar-nos a indicar uma que Chaminade propõe, muito particularmente, aos seus discípulos: "a Oração das três horas". É a hora da morte de Cristo no Calvário, a hora da redenção e, de certa maneira, também já é a hora da glória, pois o mistério de nossa salvação é uno. Chaminade convida seus discípulos a comemorar esse mistério cada dia. E como sempre são três horas em alguma parte do mundo, essa oração se torna uma espécie de oração permanente.

Nós nos lembramos do Evangelho de João: junto à cruz, estavam em pé Maria, a Mãe, e João, o apóstolo. Cristo os olha e diz a sua Mãe: "Mulher, eis aí o teu filho", e ao discípulo: "Aí está a sua mãe". E o discípulo a recebeu em sua casa.

Chaminade fala dessa hora como de *"um encontro ao pé da cruz com a Santíssima Virgem e São João"*.

Esta é a oração:

"Senhor Jesus,
reunidos ao pé da Cruz
com Maria, vossa Mãe,
e João, o discípulo amado,
pedimos perdão pelos nossos pecados,
que são a causa de vossa morte.
Nós vos agradecemos, Senhor,
terdes pensado em nós

naquela hora de Salvação,
dando-nos Maria como Mãe.

Virgem Santa,
Acolhei-nos sob vossa proteção
e fazei-nos dóceis à ação do Espírito Santo.

São João,
alcançai-nos a graça
de imitar vosso amor filial,
acolhendo Maria em nossa vida
e assistindo-a em sua missão.
Amém".

Os membros da Família Marianista costumam acrescentar a essa oração a doxologia trinitária de que seu fundador tanto gostava:

O Pai, o Filho e o Espírito Santo
sejam glorificados em toda parte,
pela Imaculada Virgem Maria!

Terceiro dia

PERMANECER FIRMES NA FÉ

> Meu querido filho, que felicidade para nós, se pudéssemos caminhar pelas belas sendas da fé, pelo resto de nossos dias, agir apenas pela fé, não viver a não ser da fé! (L III, 661, p. 227)

Para rezar assim, necessitamos permanecer firmes na fé. Guilherme José Chaminade tratou frequentemente da fé com seus discípulos. Muitas de suas instruções versam sobre esse tema; a maior parte, se excetuarmos as que ele dedicou à Virgem Maria. É que ele conhecia muito bem a importância que tem para a oração e para a ação o que chama o espírito de fé.

Uma importância que nasce da Sagrada Escritura

A própria Sagrada Escritura nos ensina a importância da fé, pois é a fé que nos faz ser filhos. "Todo aquele que crê que Jesus é o Cristo — diz São João — nasceu de Deus" (1Jo 5,1). E acrescenta em outro lugar: "A quantos creem em seu nome, a eles dá o poder de ser filhos de Deus" (Jo 1,12). E São Paulo, escrevendo aos Gálatas, afirma: "Todos sois filhos de Deus pela fé em Cristo Jesus" (Gl 3,26).

Os padres da Igreja também enfatizam a importância da fé para o crente: Santo Agostinho, comentando a passagem da mulher que sofria de hemorragia e que se curou tocando a borda do manto de Cristo (Jo 9,20s.), pergunta-se como podemos "tocar em Cristo" hoje: "Pela fé — responde —, toca em Cristo quem crê nele".

Chaminade sabe muito bem que a fé é, antes de tudo — e antes de uma adesão intelectual —, um ato de confiança incondicional em Alguém, o próprio Cristo Jesus que nos revela o Pai. "Senhor, a quem iremos? — exclama Simão Pedro. Tu tens palavras de vida eterna. E nós cremos e sabemos que tu és o Santo de Deus" (Jo 6,68-69). Observe-se a ordem dos verbos: primeiro crer, depois conhecer. A fé precede o conhecimento.

Uma vez que sabia a importância da fé nas Sagradas Escrituras, Chaminade não cessou de recomendar aos seus discípulos que se alimentassem todos os dias da Palavra de Deus, meditando-a, "mastigando-a", "ruminando-a", rezando-a. Unicamente, a Sagrada Escritura pode revelar-nos o "objeto" de nossa fé e sua verdadeira natureza.

A natureza da fé

O que é a fé? Acabamos de dizer que é a adesão confiante e incondicional a Cristo, o Senhor. Mas o Beato Chaminade nos revela muitos outros aspectos que, certamente, nos iluminam e que também nos permitem sustentar nossa vida interior e alimentar nossa oração.

É assim que a fé conduz ao mistério do amor. Que o amor é um mistério, bem sabe todo casal humano, que não pode *provar* seu amor segundo as leis da lógica humana, pois o amor depende, como dizia Pascal, da ordem da caridade (que se situa acima da ordem da matéria e do espírito). Mas a fé nos introduz no mistério do amor divino. Chaminade a compara a um hábito, a uma túnica *"de brancura resplandecente que escurece todo entendimento... A alma não saberia atrair os olhos do Amado, se não se revestisse antes com esta túnica"* (EF 722). É necessário vislumbrar a linguagem do próprio Deus: *"Se quiserdes unir-vos a mim e me desposar, não podereis fazê-lo a não ser quando estiverdes revestidos da fé"* (EF 722). De uma fé que conduz às núpcias... Que maravilha!

A fé é também "guia" em nossa rota, e bússola, e caminho, e chave, porque é luz. Com isto, é possível alimentar nossa meditação: nossa fé é como a tocha divina que nos ilumina, a bússola que nos indica o norte, a chave que nos abre a porta, o caminho que nos conduz ao Mestre, que é a única rocha em que podemos nos apoiar com toda a confiança, em cujas mãos podemos entregar tudo. *"O verdadeiro meio para obter êxito* — escreve Chaminade a seus discípulos — *é esvaziar-se completamente de si mesmo e entregar-se por inteiro ao Espírito do Senhor"* (EF 232). Essa disposição se chama *kenosis* em linguagem teológica. Consiste em despojar-se de si mesmo, escavar-se, esvaziar-se (sem renunciar ao que faz parte de sua personalidade, pois a fé não mutila) e, assim, colocar-se em situação de acolher o Senhor e tudo o que Ele quiser de nós. "Faça-se tua vontade...". Que bonita atitude de fé!

Precisamente, essa atitude é o que Chaminade chamava de *"espírito de fé"*. Se temos de pedir sem cessar ao Senhor *"que aumente nossa fé"*, também temos de viver nesse *"espírito de fé"* que *"logo [...] será em vós um espírito de confiança em Deus, um espírito de força e de generosidade..."* (EF 39). Com esse espírito de fé, devemos agir — *"Tudo é possível ao homem de fé verdadeira"* (EF 43) — e, com esse espírito, devemos ir até o Senhor que nos espera: *"Ide com inteira confiança na Providência e com verdadeiro espírito de fé"* (EF 44). E não é o próprio Senhor o objeto de nossa fé?

O objeto da fé

Já dissemos que o objeto da fé era a adesão confiante à pessoa de Jesus Cristo. Mas do Jesus Cristo que nos veio revelar o Pai no Espírito Santo.

O caminho que João Paulo II nos propôs para a preparação ao Jubileu de 2000 nos introduziu com toda naturalidade no "objeto" de nossa fé. No primeiro ano, convidou-nos a redescobrir

Cristo, o Filho, o enviado do Pai. No segundo, convidou-nos a nos abrir à ação do Espírito Santo. No terceiro ano, concentrou toda a nossa atenção no Pai que Cristo havia nos revelado. Por último, no ano jubilar, ano "memorial" de nossa redenção, convidou-nos a mergulhar no próprio mistério da Trindade Una. Precisamente, a Santíssima Trindade é o "objeto" de nossa fé, por excelência. E a fé nos introduz no mistério da vida íntima de Deus Trino e Uno, que é Pai, "nosso Pai", que é Filho, Jesus nosso irmão, e que é Espírito de amor. E a fé-luz é para Chaminade *"uma participação da luz"* própria de Deus.

As qualidades da fé e sua ação

Uma fé assim é, por definição, uma fé viva, firme e forte, ativa e atuante, e, naturalmente, generosa.

A fé é viva porque se alimenta da própria vida de Deus: *"O espírito de fé* — segundo Chaminade — *não é outra coisa que o próprio Espírito Santo"* (EF 263). *"Viver da fé* — escreve — *é olhar todos os objetos naturais e sobrenaturais que se nos apresentam com o conhecimento que Deus tem de-*

les" (EF 533). Ou seja, a fé muda nosso olhar, inverte as perspectivas, abre-nos para a medida do amor infinito, isto é, para uma medida sem medida.

Por isso, Chaminade nos recomenda, a exemplo de São Paulo, que sejamos fortes na fé — "Mantende-vos firmes na fé" (1Cor 16,13) — para poder agir de acordo com ela. Pois se é verdade que *"a fé é... a raiz de todos os bens"* (1Cor 16,13), não é menos certo *"que só a fé e a caridade nos fazem caminhar"* (EF 157) e, portanto, agir. Recordemos: *"Tudo é possível para o homem que tem uma fé verdadeira".*

E as ações da fé são múltiplas.

A primeira ação da fé é a de nos "mostrar" Deus, de nos conduzir a Ele, até a própria intimidade do mistério da Trindade. A fé nos mergulha no meio divino.

Como consequência, a fé nos faz, cada vez mais, parecidos com o nosso modelo, o próprio Jesus Cristo. Gera o Cristo e faz que Ele viva em nós. "Do mesmo modo que Maria concebeu seu Filho pela fé, antes de concebê-lo em seu corpo", escreve o padre Hoffer, que foi superior geral dos religiosos marianistas (citando, a seguir,

Chaminade), *"assim o Espírito de Jesus Cristo só opera em nós nossa semelhança a Jesus Cristo... à medida que nossa fé aumenta"*. Então, adquire pleno sentido a palavra do apóstolo: "Não sou eu que vivo em Cristo; é Cristo que vive em mim".

Uma fé, assim, evidentemente nos anima a partir do interior, anima toda a nossa reflexão e nos converte em profetas. *"É uma espécie de telescópio espiritual que nos faz perceber objetos que nossa razão nunca teria podido alcançar"* (EF 664). Essa fé anima também toda a nossa ação. Como não nos iria colocar em movimento para dar testemunho do Amor que habita em nós e para agir em nome desse Amor com todos os que cruzarem nosso caminho e estiverem necessitados?

Qualquer coisa que fizermos, impulsionados pela fé, quando estivermos conscientes do tesouro que a fé é para nós e das maravilhas que proporciona a nós e aos outros, *"estaremos extasiados de alegria e de admiração"*, diz Chaminade. O espírito de fé que nos impulsionará a viver e agir será também "o espírito de nossa felicidade". Pois semelhante fé nos fará felizes.

Compreenderemos que uma fé assim *respira oração* como respiramos o oxigênio do qual nosso organismo necessita.

Senhor Nosso Deus,
concede-nos caminhar cada dia
de nossa vida
pelos caminhos da fé,
fortes na fé,
agir apenas por ela
e viver apenas dela.
Amém.

Quarto dia

"A MEDITAÇÃO DE FÉ"

A meditação deve ser inteiramente de fé, versar sobre as verdades de nossa fé e à luz da fé (EF 1212).

O Beato Chaminade recomendava a seus discípulos religiosos que meditassem uma hora diária (que se distribuía, em razão de suas obrigações, em meia hora pela manhã e meia hora à tarde). Chaminade sabia que a meditação era vital, tanto para a vida espiritual da pessoa como para seu compromisso eclesial, em relação a seus irmãos. Insistia especialmente na prática da *"meditação de fé"*, sabendo muito bem *"que na meditação de fé são aprendidas, bem rapidamente, as mais belas coisas"* (EF 999).

Antes de tratar da meditação de fé em si mesma, sem dúvida, convém dizer algo sobre a meditação em geral e sobre o método de meditação que Chaminade propunha a seus discípulos principiantes.

"Meditar" é dedicar tempo a Deus, nada além de Deus, e ficar em silêncio e em oração. Chaminade pensava que *"a prática de um silêncio absoluto é um excelente meio"* (EF 1149), pois permite deixar todo o espaço a Deus e não pensar em nada além dele, do mesmo modo que o namorado conversa a sós com sua amada ou esposo com a esposa. Meditar, rezar dessa forma, é um verdadeiro murmúrio de amor, incessante, pessoal, cada vez mais profundo, e pode acontecer que, para dizer tudo, baste o silêncio. Mas não se consegue esse estágio da noite para o dia, solicitados como somos por todas as nossas ocupações e preocupações cotidianas, nossas inquietudes e as inevitáveis distrações.

Por esse motivo, Chaminade propôs a seus discípulos um método para "meditar". Como todo método, este é, antes de tudo, pedagógico e, por conseguinte, "metódico", o qual, para um orante mais avançado na arte da oração, poderia apresentar um aspecto um pouco artificial e até falso.

Método de meditação

O método de Chaminade é, ao mesmo tempo, simples e eficaz. Para ajudar seu discípulo, o beato subdividiu o tempo da meditação em três partes: a preparação, o corpo da oração e a conclusão.

Em primeiro lugar, é preciso colocar-se em situação de orar bem; daí, a necessidade de um tempo de preparação. Esse tempo consiste em uma espécie de "colocar-se à disposição"; prostramo-nos diante de Deus (física ou mentalmente), reiteramos atos de fé em sua presença, seguindo o próprio Cristo, que se retirava para a montanha ou a um lugar deserto, para prostrar-se e adorar o Pai (Mt 26,39). É o que Chaminade chama pôr-se na presença de Deus. Depois de ter pedido perdão por nossas imperfeições e faltas, convém estar diante do Pai como Cristo, orando por Ele e nele. Em resumo, estar diante do Pai como outro Cristo. E é preciso invocar o Espírito Santo, para que Ele venha em ajuda de nossa fraqueza.

Terminado esse tempo de preparação, vem o corpo da oração, seu ponto central. Em geral, já procuramos antes um tema de oração: por exemplo, uma passagem da Sagrada Escritura ou um salmo, a partir do qual vamos rezar. Começaremos por seguir os passos de Cristo diante do tema escolhido: o que Ele terá sentido (admiração, louvor, amor, ação de graças...)? É preciso tornar nossos esses sentimentos, já que Ele é nosso modelo em tudo, como diz São Paulo: "Tende em vós os mesmos sentimentos que Jesus Cristo teve" (Fl 2,5). A seguir, meditaremos a partir do tema escolhido, aplicando-o a nós mesmos, por exemplo: "Em que medida isso me afeta? Qual é minha atitude normal em relação a esse ponto? Que conversão exige de mim?". E tomaremos as resoluções oportunas para sermos cada vez mais parecidos com Cristo.

Para terminar, podemos dar graças ao Senhor pelos dons recebidos e confiar nossas resoluções à Virgem Maria, para que ela nos ajude a melhor realizá-las. Também se pode resumir o essencial do tema da meditação em uma frase fácil de lembrar e que podemos rememorar, de vez em quando, durante o dia.

Será preciso estarmos atentos para não transformarmos esse tempo de oração em um tempo de reflexão pura e simples sobre um texto determinado. Por exemplo, uma reflexão na qual nos prendêssemos à voz que canta em vez de a Deus, em que a verdadeira oração seria seguramente excluída: seria um bonito exercício intelectual, por certo, mas não "oração"! *"A alma por si só é incapaz de fazer oração; é preciso que se abandone sob a direção do Espírito Santo"* (EF 1212).

E a meditação de fé?

"Na meditação de fé, coisas muito bonitas são aprendidas rapidamente. Nela se aprofunda, por exemplo, no mistério da Santíssima Trindade, (considerando) a unidade de Deus e a distinção das Pessoas... Este mistério, quando bem aprofundado, projeta uma admirável luz sobre todos os demais mistérios de Jesus Cristo." E, pouco a pouco, *"vemos um grande conjunto de verdades, um encadear-se que nos encanta, que nos leva a amar cada vez mais o que vemos"* (EF 999-1000). Outras vezes, Chamina-

de mostra a que maravilhas podemos chegar, meditando sobre a infância de Cristo ou sua morte na cruz. *"O filho de Deus se reduz a um estado infantil por amor, a fim de que fosse, pela graça, o que uma criança é, por natureza."* E um pouco mais adiante: *"O que sentirá aquele que crê firmemente que Jesus Cristo, o Filho de Deus vivo, morreu por ele na cruz?"* (EF 1142).

Mas é possível definir a meditação de fé?

Segundo Chaminade, entregar-se à meditação de fé é entregar-se à meditação *"à luz da fé... Começamos a fazer uma boa preparação à luz da fé, e quando conseguimos fazê-la bem, passamos às outras partes da meditação"* (EF 1081). Porque *"só a fé pode nos dar uma ideia justa e verdadeira de Deus"* (EF1083). E, em outro lugar, diz que *"o essencial é entrar na meditação por um ato de fé na presença de Deus e de sua infinita grandeza"* (EF 1138). E acrescenta: *"Comecemos, pois, a nos aproximar de nosso Deus e ele se aproximará imperceptivelmente de nós"* (EF 1235). A meditação de fé, pois, *"fundamenta-se essencialmente na fé; seu objeto e seu instrumento devem ser a fé"* (EF 1199). Chaminade insiste nessa noção de fé.

Os efeitos da meditação de fé são notáveis.

O primeiro, segundo Chaminade, é revelar-nos progressivamente a grandeza de Deus e, consequentemente, nosso próprio nada: *"Mediante a meditação de fé —* escreve —, *elevando-nos ao conhecimento de Deus, de suas perfeições infinitas, de suas incompreensíveis bondades, de seus gloriosos atributos, nós nos veremos forçados a baixar o conhecimento de nós mesmos à profundidade de nosso nada... Destes dois conhecimentos (nascerá) infalivelmente um amor soberano a Deus [...] tal como Ele nos pede"* (EF 1006). Aqui, os termos podem prejudicar a compreensão correta. As "incompreensíveis bondades" de Deus são o amor que Deus tem por nós, um amor que o levou a entregar seu próprio Filho para a nossa felicidade, um amor que o impulsiona a nos amar tal qual somos, apesar do nosso "nada", como diz Chaminade, e ao qual só podemos responder com nosso amor. A meditação se converte, então, em "diálogo de amor" entre o Pai e seus filhos adotivos, que somos nós. *"Na meditação de fé, a alma aprende a conhecer a Deus e a conhecer-se a si mesma"*, em verdade (EF 1202), e desse conhecimento nasce a confiança.

Esse conhecimento-amor nos purificará o coração; efetivamente, *"todo fim da meditação é a purificação do coração"*, afirma Chaminade (EF 1211). Compreendamos bem o que isso quer dizer: a pureza de coração é a que nos permitirá ter a aparência de Cristo, porque nos colocará em situação de disponibilidade, de acolhida. Então, *"a fé (poderá multiplicar) os Cristos do Senhor; é a que nos incorpora a Jesus Cristo e nos leva a ser membros de seu corpo místico"* (EF 1145). Portanto, *"se nossa fé for grande, logo nos sentiremos em Deus e nos sentiremos, por assim dizer, com Deus em nós"*.

Dessa maneira, alcançaremos o fim da meditação de fé. O fim, a união total com Deus Trino e Uno, que deseja que entremos na própria intimidade de sua vida divina, nesse "torvelinho de amor", ao qual seremos arrastados até nossa "deificação", como dizem nossos irmãos ortodoxos.

Concede-me, Senhor,
abandonar-me ao teu Espírito:
que Ele me ajude a entrar
na meditação de fé,
para aproximar-me melhor de Ti
nesse diálogo de amor,
ao qual me convidas,
para fazer de mim outro Cristo.
Amém.

Quinto dia

ORANDO SOBRE O SÍMBOLO

Como o homem aprenderá a conhecer a Deus e a conhecer-se a si mesmo, a não ser pela meditação, na qual o próprio Deus promete nos instruir? Como Deus se manifesta, a não ser pela fé? E onde está a fé, a não ser no Credo ou no Símbolo da Fé? (EF 1230)

Para Chaminade, quem quiser entrar no caminho da meditação, como ele diz, "deve começar pela oração mental mista sobre o Símbolo dos Apóstolos" (EF 1214). Deixemos, por enquanto, o qualificativo "mista" e nos dediquemos à oração sobre o Símbolo, ou seja, sobre a fé.

"Se a meditação tem verdadeiramente por objetivo dispor a alma para ver a Deus, é necessário [...] que trate da fé, que é seu meio indispensável, que é seu princípio e fundamento" (EF 1230). E *"para ver a Deus"*, por acaso, não é necessário "conhecê-lo e conhecer-se a si mesmo"? "Que eu te conheça e que eu me

conheça", repetia, sem cessar, Santo Agostinho. O que pode haver de mais indicado para isso que o Credo, que resume toda a nossa fé? *"O símbolo* — conclui — *é efetivamente um amplo tema de meditação"* e convém especialmente ao homem de hoje que queira aprender a rezar.

Guilherme José Chaminade dedicou um cuidado particular a essa forma de oração em seus "escritos de oração"; procurou dar conselhos aos principiantes, recordar-lhes as principais etapas dessa forma de rezar e, inclusive, analisá-la, em seguida, de forma mais profunda.

Conselhos aos principiantes

Como para qualquer oração, convém primeiro colocar-se na presença de Deus Pai, Filho e Espírito Santo e pedir a assistência do Espírito, que exclama através de nós: *Abba*, Pai.

A seguir, concentraremos a atenção no Credo, o símbolo dos apóstolos ou símbolo de Niceia, que começaremos inteiro uma vez, bem lentamente e com toda a atenção possível. Acabada essa recitação, começaremos o Credo, artigo por artigo, detendo-nos naquele que *produz maior impressão no coração* e passando por cima dos demais. *"Não devemos nos deter nos artigos que não impressionem nosso coração, porque não podemos usar de violência nem ficar tensos. Se o Espírito de Deus estiver mudo, não iremos fazê-lo falar à força, insistindo de maneira trabalhosa..."* (EF 1215).

Se não podemos nos deter mais que um minuto em cada artigo, não nos detenhamos mais do que um minuto. Ou menos, se for preciso... Inclusive, para começar, poderíamos contentar-nos em recitar uma, duas ou três vezes o Credo bem devagar, *"com a maior atenção possível"*.

Podemos observar a enorme humanidade de Chaminade, que leva em conta onde se encontra seu discípulo, que nos recebe onde estamos e nos conduz, como fazia São Bento, o pai dos monges, pelo caminho mais apropriado para nós.

Principais etapas da meditação sobre o Símbolo

Se tentarmos nos entregar a essa forma de meditação, no espaço de alguns dias, não poderemos mais passar várias vezes sobre cada um dos artigos do Símbolo ou Credo, pois não teremos tempo. *"O atrativo divino irá aumentando em proporção à nossa fidelidade. Alguns artigos, em particular, chamar-nos-ão a atenção mais que os outros..."* (EF 1217). Com outras palavras: quanto mais frequentemente voltarmos sobre tal ou qual artigo, mais atração terá e mais tempo nos deteremos em meditá-lo.

Não obstante, Chaminade aconselha que, no início da meditação, não renunciemos nunca a recitar o Credo em sua totalidade, a fim de exercitar a fé sobre esse magnífico conjunto. Só mais tarde, nós nos deteremos nos diferentes artigos.

O procedimento para cada artigo pode ser o seguinte (EF 1219 e seguintes):

- *"recito-o mentalmente com toda a atenção possível"*;
- *"a seguir, fico em silêncio, escutando o Espírito de Deus"*;
- se um aspecto do artigo me impressiona especialmente, dedico-me a considerá-lo todo o tempo que for necessário;

• depois, interpelo minha fé sobre esse artigo e o comparo com minha conduta de cada dia. *"Se não vivemos nossa fé com coerência [...], se fazemos a oração como um exercício qualquer [...], como nos atreveremos a esperar que Deus se manifeste?"*;

• por último, escuto o que minha fé me ordena para o futuro e tomo as resoluções para minha vida concreta;

• e nunca me esqueço de implorar a Deus a graça de ser fiel, confiando minha vida à Virgem Maria, para que interceda por mim.

À guisa de exemplo, eis algumas reflexões que Chaminade sugere a propósito do artigo "Creio em Jesus Cristo, Seu único Filho, nascido da Virgem Maria...": *"Vou considerando um depois do outro, todos os prodígios deste mistério: um Deus concebido no seio de uma Virgem por uma ação divina; um Deus escondido na frágil envoltura de um corpo pequenino, formado no seio de uma mulher; e esse Deus assim oculto, assim anulado, é o Deus do universo inteiro [...]; e esse Deus se submete a tal situação pelo homem inimigo, pecador, culpado [...]. Exercito minha fé em cada uma dessas maravilhas e depois tiro as consequências que resultam para minha conduta. A humildade, a gratidão e o amor são consequências de minha fé neste grande mistério"* (EF 1221). Essas considerações — diz com muita modéstia — apenas nos dão uma ligeira ideia do que o Espírito nos pode sugerir em nossa oração.

Para aprofundar

Chaminade compreende que esse método de meditação sobre o Credo, se, por um lado, pode afastar rapidamente as distrações inerentes a toda forma de oração, pode-se "reprová-lo" por não ser um método "puro", e, por isso, nós nos referimos a ele como oração mental "mista".

Ele aceita que se chame de método a "prática" que propõe, embora, na realidade, não preconize nenhum método: como diz, *"nosso método próprio é não ter nenhum"*. Assim, pois, esse "método" de meditação sobre o *"Credo se dirige ao mesmo tempo, à inteligência e ao coração, posto que esta oração é, simultaneamente, meditativa e afetiva"* (EF 1228). Para entender bem, convém falar sobre isso aqui um pouco mais detalhadamente.

"A maneira de fazer as considerações é tão variada, os temas que devem ser considerados, tão numerosos, que a inteligência passa de uns para outros conforme o coração se tenha comovido mais ou menos, sem dar lugar ao aborrecimento. Se não consegues fazer outra coisa além de recitar, contenta-te em recitar; se és capaz de fazer considerações, faze-as; em todo caso, estás te exercitando na fé, porque estás fazendo atos de fé com o coração e com a boca. Deste modo, teu tempo de meditação transcorrerá distribuído em atos variados por natureza e apropriados por sua variedade para fixar mais a atenção" (EF 1228).

É notória a arte com que o padre Chaminade associa a mente, a inteligência, o coração, a afetividade e muito mais que isso. Faz o homem orar por inteiro: corpo (por sua atitude), coração e mente. Recordemos: *"O espírito passa de um para outro conforme o coração se comova ou não"*. O coração se emociona mais profundamente: é o primeiro na oração, o que não é nada estranho para um homem que deu tanta importância à "fé do coração".

A meditação que propõe sobre o Símbolo, sobre o "Creio em Deus", é desta natureza. E essa forma de meditação é, de certo modo, inesgotável: *"Porque o Credo pode ocupar toda uma vida humana ou, mais ainda, toda a eternidade, pois os santos do céu estarão eternamente entregues à contemplação"* (EF 1223) daquele que é somente Amor, daquele que a "fé do coração" nos revela melhor que qualquer outra.

> Creio em Deus Pai todo-poderoso...
> Creio em Jesus Cristo, seu único Filho, nosso Senhor...
> Creio no Espírito Santo...

Sexto dia

A "FÉ DO CORAÇÃO"

É necessário amar o que se crê... A fé, e principalmente a fé do coração, é um grande dom de Deus; por isso, sempre precisamos dizer: "Senhor, aumenta nossa fé...". Meu filho, que felicidade para nós, se pudéssemos caminhar o resto de nossos dias pelas formosas sendas da fé! Uma fé que não iluminasse mais que nossa mente não nos daria a vida da justiça, que é uma vida divina (EF 164).

Se acreditássemos que é possível orar com uma fé puramente especulativa, uma fé que estivesse apenas em nossa mente, em nossa inteligência, nós nos equivocaríamos. Não basta essa fé para conduzir a alma a Cristo nem para transformá-la nele. Chaminade afirma que até os demônios têm, de certo modo, essa fé: também eles creem que Deus existe. A fé que devemos nos esforçar para acolher — pois é um dom de Deus — é a que Chaminade chama "a fé do coração".

Não nos enganemos: a fé do coração não é puramente afetiva ou sentimental (embora não seja preciso rechaçar a afetividade humana). A fé do coração está além das impressões sensíveis que o homem possa chegar a experimentar. A fé arraiga muito mais profundamente.

A fé do coração é uma fé que, para que esteja viva e ativa (especialmente na oração), deve passar da cabeça ao coração, no sentido bíblico do termo. Com efeito, no sentido bíblico, o coração designa o centro vital da pessoa, onde são elaborados os desejos e as decisões. A partir desse ponto de vista, podemos dizer que o coração é o manancial do ser, âmbito da profundidade e centro vital do homem, "onde tanto o corpo como a alma entrelaçam suas raízes" (Jacques Serr).

Enfatizando a fé do coração, Chaminade se unia aos grandes homens espiritualistas da Igreja indivisa, que fizeram do coração "o centro mais concêntrico do homem", o "lugar de um conhecimento-amor, onde se reúne o homem inteiro... Um coração-mente aberto ao Espírito Santo e que recebe a luz divina para comunicá-la ao corpo" (Olivier Clément). Deste modo, revela-nos a dimensão profundamente ecumênica de seu pensamento e de sua oração, enraizados na Escritura.

Raízes na Escritura

Chaminade considera, em primeiro lugar, a fé dos discípulos: *"Nosso Senhor reprovava seus discípulos que tardaram em crer (Lc 24,25), e pouco a pouco, como diz o Evangelho, eles se dispuseram a crer melhor. É o que aparece em Emaús, onde conheceram nosso Senhor pela fração do pão (Lc 24,31). Havia os que se acreditavam fortes, mas era apenas na mente, e não no coração"* (EF 1012). Leiamos de novo a página do Evangelho que nos fala dos discípulos de Emaús e descobriremos neles a fé do coração: "Não nos ardia o coração, enquanto nos falava pelo caminho e nos explicava as Escrituras?".

São Paulo é ainda mais explícito quando afirma: "Se acreditas em teu coração que Deus O ressuscitou (Jesus) dentre os mortos, serás salvo. Pois crer com o coração conduz à justiça" (Rm 10,9-10).

Desses textos, Chaminade conclui que só a fé da mente não santifica, como provam também os demônios que, segundo São Tiago, "creem e tremem" (Tg 2,19), e que só a fé do coração nos faz justos diante de Deus.

O que é a fé do coração?

Para começar, temos de assinalar que Chaminade não rejeita a mente; não há anti-intelectualismo nele! *"Essa fé* — escreve, falando da fé do coração — *que surge do coração ao mesmo tempo que da mente..."* (EF 891). Une-se, assim, à intuição dos grandes espiritualistas, seus predecessores. E, no entanto, conhece e afirma a primazia do amor. *"Todo ato de adoração [...], que é sustentado por uma fé viva, deve estar sempre cheio de amor. Se não há amor, se o amor não é o princípio do ato de fé [...], esse ato não vale nada"* (EF 1091). São palavras fortes e exigentes, confirmadas mais adiante, quando escreve: *"A verdadeira fé é um dom de Deus. Peçamos com insistência essa fé viva e ardente, essa fé de amor"* (EF 498).

Para ele, a fé do coração, *"fé de amor"* (em outra parte, ele fala *"de afeto do coração"*), é primeiro fé em Jesus Cristo ressuscitado e que continua vivo: *"A fé em Jesus Cristo deve envolver Jesus Cristo total"* (RF 559), afirma. Só, então, pode *"produzir toda justiça, começo, fundamento e raiz"* (EF 1013). A noção de justiça é central para Chaminade, que escreve mais: *"A fé do coração começa e termina na justiça"* (EF 869), mas com a condição de aceitar e entrar resolutamente nela.

Entrar na fé do coração, a exemplo de Maria

Para nos dispormos a "entrar na fé do coração" (EF 248) será conveniente imitar Maria, especialmente, no que concerne à oração.

"Se, como felizmente creio — escreve Chaminade —, *a fé me diz que Maria é nossa mediadora, devo deduzir que me é impossível fazer meditação sem Maria. Da mesma forma que ninguém conhece o Pai, senão o Filho e aqueles aos quais o Filho tiver revelado (Mt 11,27), ninguém conhece o Filho, senão sua Mãe... Unamo-nos, pois, a Maria na meditação e lhe peçamos que nos revele seu Filho. Ela*

o conheceu e o observou muito bem e recolheu e guardou, em seu coração, todas as palavras que saíam da boca de seu Filho" (EF 166). Só, então, nossa oração, vivida com a fé do coração, tão querida de Chaminade, poderá produzir seus frutos.

Os efeitos da fé do coração

Segundo P.-J. Hoffer, antigo superior-geral dos religiosos marianistas, a fé do coração leva consigo um amor profundo à verdade, um dinamismo ativo, uma disposição em unir o amor à convicção. "Leva a saborear o que se crê". Leva-nos a amar a Deus acima de tudo, a dar o justo valor às coisas deste mundo, a nos comprometermos plenamente (mente, coração e corpo) com o serviço de Deus e dos irmãos.

É que, segundo Chaminade, *"a fé é a seiva que tudo vivifica; por isso, é necessário que esteja em movimento"* (EF 1019). Assim como a seiva irriga as plantas, inclusive no mais cruel inverno, da mesma forma, a fé deve irrigar todo o ser, coração, corpo e mente. É como a *anima,* a que anima e orienta, ao mesmo tempo, a vida pessoal, familiar, social, eclesial... Sem ela, não haveria nem brotos, nem flores, nem furtos.

Em primeiro lugar, a vida privada do crente, às vezes, tão agitada. Sim, devemos crer como Chaminade: *"é próprio da fé dar estabilidade às faculdades de nossa alma, da nossa mente, da nossa vontade; digo, da vontade do homem novo"* (EF 166). Sem estabilidade não é possível nenhum progresso espiritual, nem oração.

A fé do coração nos permite também nos situar ante o mundo e ante os homens, tanto em nossa vida espiritual como na oração. *"Não se pode entrar na justiça* — escrevia Chaminade — *a não ser pela fé do coração. Frequentemente, cremos nas verdades, mas não as amamos"* (EF 1011). Precisamente, é o amor que nos permite olhar com um olhar novo — o mesmo olhar do Cristo que ama — a nós mesmos, o mundo, os nossos irmãos, os homens e, desta forma, *"entrar na justiça"*.

Com o olhar de Cristo, nosso olhar que era negativo se fará positivo, e veremos o mundo da matéria, por exemplo, como uma preciosa "relíquia" que Cristo santificou ao se encarnar. E, em nossa oração, cumpriremos nossa função batismal de "sacerdotes", santificando e oferecendo ao Pai a terra que nos confiou.

Veremos nossos irmãos, os homens, não como estorvos ou rivais, mas como outros tantos filhos de Deus, como outros tantos irmãos que são; para os mais pobres dentre eles, como "sacramentos" em nosso caminho. Cumpriremos melhor nossa função batismal de "reis", isto é, de servidores do amor.

Por último, consideraremos a nós mesmos com o mesmo olhar de Cristo, um olhar amoroso, e saberemos aceitar-nos humildemente e converter nossas fraquezas em força de amar. Assim, estaremos mais dispostos a cumprir nossa função batismal de "profetas", isto é, testemunhas do invisível, do amor infinito.

Não poderíamos ser testemunhas, sem a fé do coração, sem o amor: *"Não compreendo como se pode ganhar a vontade para Deus, se não for pela fé e pela caridade... Só a fé e a caridade podem fazer-nos avançar"* (EF 157). Rezemos:

Senhor, dá-me uma fé viva e ardente,
uma fé que seja fé de amor.
Amém.

Sétimo dia

NO CORAÇÃO DO DEUS TRINO E UNO

A Santíssima Trindade é o mais admirável de nossos mistérios... Se, neste adorável mistério, reconhecemos a unidade da natureza divina, declarando que cremos em Deus e em um só Deus, não reconhecemos igualmente [...] que nesse Deus adorável há uma primeira pessoa que é o Pai, uma segunda pessoa que é o Verbo e uma terceira pessoa que é o Espírito Santo? (EF 1078).

Todo o ensinamento de Guilherme José Chaminade está cheio do mistério da Santíssima Trindade, como se pressentisse — ele que viveu uma parte de sua vida na segunda metade do século XVIII — os estragos que o "filosofismo" causaria nas consciências e, particularmente, nas consciências cristãs, pois havia visto florescer, durante a revolução, o culto ao Ser supremo.

Mesmo em nossos dias, pôde-se escrever que os cristãos já não são cristãos, mas deístas, e os bispos da França, por exemplo, em sua *Carta aos Católicos*, asseguram, por um lado, uma volta ao "núcleo duro" da fé, que é a própria Trindade, mas continuam notando essa tendência ao deísmo. O específico do cristão é o Deus Trino e Uno, que Jesus Cristo veio nos revelar. Nosso Deus não é um Deus vagamente bom, mas é Pai — bom e mais que bom! —, Filho e Espírito Santo. Toda a preparação do Jubileu do ano 2000 foi centrada no mistério da Trindade, à qual o último ano jubilar é consagrado.

Uma vez mais, descobrimos a grande modernidade de Chaminade, seu caráter de precursor, e mais, em um terreno que afeta o próprio núcleo da fé, *"o mais admirável de nossos mistérios"*, o da Trindade.

Meditação do mistério trinitário

Chaminade dedica inumeráveis páginas a meditar esse mistério central. Na meditação sobre o Símbolo da Fé, o Credo, vimos como convidava seu discípulo a meditar, a rezar esse mistério. *"Deus é uno, mas não é solitário."* São três pessoas, entre as quais circula permanentemente um torvelinho de amor, e a oração nos faz entrar e nos arrasta a esse torvelinho de vida divina.

Para que compreendamos melhor esta vida, ele nos fala, às vezes, do Pai, às vezes, do Filho e, às vezes, do Espírito Santo.

Para ele, crer em Deus Pai é crer *"que Deus não é só Deus, mas é Pai, isto é, tem em si mesmo não só a caridade (o amor) e a autoridade, mas também a fecundidade"* (EF 1079). Não é só o Pai amoroso, do qual Cristo nos fala na parábola do filho pródigo (que deveríamos chamar a parábola do pai pródigo), não só é o autor — *auctor* — de toda vida, mas é Aquele que não cessa de dar vida e de dá-la em abundância: *"Deus é Pai de todos os seres pela criação e pela benignidade de sua Providência. Pai dos homens que fez à sua imagem e semelhança, e principalmente, dos cristãos, que adotou por sua graça"* (EF 1080). Chaminade insiste em nossa filiação adotiva, quando afirma que é verdadeiramente Pai, sobretudo, a respeito dos que são cristãos — *"nosso bom e entranhável Pai"* (EF 20) —, porque nos adotou e regenerou no batismo. A esse Pai nos dirigimos em nossa oração, dizendo *Abba*, "papai", porque *"Ele é meu Pai e eu sou seu filho, este Deus a quem tanto amo"* (EF 1094).

Chaminade fala sem parar de Jesus, o Filho do Pai, mostrando-nos quem é, o que faz, sua presença e sua ação entre nós. Filho de Maria, homem e Deus ao mesmo tempo — *Christus totus est homo et totus est Deus*, dizia-se no Concílio de Éfeso, em 431 (Cristo é inteiramente Deus e inteiramente homem) —, é o único mediador entre nós e o Pai, é nosso Redentor, nosso Salvador, e é a cabeça do corpo místico. Teremos, mais à frente, ocasião de voltar à onipresença de Cristo no pensamento e na oração de Chaminade, que propunha a seus discípulos, como fim último, *"conformar- -se"* com Jesus Cristo. Por isso, insistia sem cessar na indispensável união com Cristo Jesus: *"Toda nossa felicidade consiste em estar unidos a Cristo [...] e viver de tal modo que nada seja capaz de nos separar Dele [...]. Os cristãos estão tão verdadeiramente unidos ao corpo místico de Jesus Cristo como as ramas ou os sarmentos estão unidos à cepa da videira"* (EF 922, 923). Também nos fala de uma *"união essencial, uma união admirável,* porque *uma pessoa realmente cristã só pode e só deve viver da vida de nosso Senhor Jesus Cristo!"* (EF 932).

O agente dessa união, por excelência, é o Espírito Santo de Deus, o qual refere sempre aos seus discípulos, para que o invoquem, o consultem, lhe rezem, o escutem e sigam *sua inspiração*, pois é a alma da Igreja, a fonte de todo o bem, o Paráclito que nos dá o espírito de filhos, o espírito de adoção; é bondade, socorro e fogo que não cessa de abrasar os crentes e todos os homens de boa vontade. Chaminade se detém longamente na ação do Espírito, que forma a fé nos corações, dá a "fé do coração", torna mais ardente nossa fé e não deixa de atuar no mundo. *"Este Espírito Santo desce sobre nossos corações e nossas mentes, quando necessitamos de luz, ele nos ilumina e dirige nossa conduta, nos anima com seu fogo divino, nos dá a força e a graça [...]; derrama sobre nós seus dons de sabedoria, inteligência, ciência, conselho, fortaleza, piedade, temor de Deus"* (EF 896). Esse medo *"que nos faz temer desagradar a Deus ou ofendê-lo..."* (EF 897), cujo nome é amor.

O cristão e o mistério trinitário

Nós, batizados, trazemos necessariamente o digno nome de "cristãos", nome que nos vincula diretamente à segunda pessoa da Santíssima Trindade. Nosso nome de cristãos é como um convite para entrar no mistério da Trindade Divina e viver de sua vida.

Seguindo São Bernardo, Chaminade pensava que *"o homem, imagem de Deus, nunca terá sossego até que esteja unido à Trindade incriada, que é seu modelo"* (EF 574). E pode-se chegar a essa união por meio da oração, da meditação: *"A alma deve empenhar-se na oração para unir-se a Deus, que é seu grande modelo; não desejará mais nada quando, segundo toda a capacidade e o vazio que existe nela, possuir seu soberano e único bem: é sua maior felicidade nesta vida..."* (EF 1001). Enfatizamos o quanto Chaminade insiste na Trindade, modelo exemplar do ser humano, que foi criado à imagem e semelhança de Deus. E não tem dúvida em afirmar que é aí, na elevação até Deus e no descanso da alma no seio do próprio Deus, no *"ambiente divino"*, onde se encontra a felicidade.

Então, não há nada de estranho que o homem adore aquele que é Amor, que o ame com um amor sem medida até o ponto de colocar-se inteiramente ao seu serviço.

Trindade e oração dominical

Nós não estranharemos em saber que os discípulos de Guilherme José Chaminade gostam de entregar-se à meditação, a partir da oração trinitária que o próprio Jesus nos legou: o "pai-nosso".

E fazem isso simplesmente, como fariam com qualquer outra passagem do Evangelho. Preparam-se conforme o método habitual, antes de rezar e de repetir a oração dominical, e de descobrir nela o próprio mistério da Santíssima Trindade.

Pai nosso que estás no céu: "Não recebestes um espírito de escravos — diz São Paulo —; recebestes um espírito de filhos adotivos que vos faz exclamar: *Abba*, Pai!" (Rm 8,15). Dirigimo-nos ao Pai dos Céus, diante do qual dobramos os joelhos como o apóstolo, pois dele "recebe o nome toda a família no céu e na terra" (Ef 3,15).

Santificado seja o teu nome: teu nome, que é o Verbo, a Palavra. "Glorifica teu Filho para que teu Filho te glorifique. Manifestei teu nome aos homens [...] para que o amor com que tu me amaste esteja neles" (Jo 17,1.6.26).

Venha a nós o teu reino: teu reinado, o reino que teu Espírito constrói entre nós e em nós. Que venha teu Espírito a nossa terra para que tua vontade seja feita...

Seja feita a tua vontade assim na terra como no céu: tua vontade, Santíssima Trindade, cujo cumprimento abre à terra a própria porta do Céu.

Oitavo dia

ORAR COM MARIA, ORAR A MARIA

É-me impossível fazer meditação sem Maria. Unamo-nos, pois, a Maria na meditação e lhe peçamos que nos revele seu Filho (EM II, 736).

Maria está sempre presente, velando com solicitude, fazendo-se inteira a todos e manifestando sua ajuda de diversas maneiras conforme as necessidades de cada um. Ela enriquece o pobre, protege o tímido, desarma o furioso, toca o coração do ingrato e não abandona ninguém (Petit traité de la connaissance de Marie, cap. 6, em EdF 496).

Segundo ele mesmo confessa, Chaminade não passava um dia sem rezar com Maria, sem orar a Maria. "Sabia muito bem o que ela é para Deus e o que é para nós" (EF 450), que "a redenção nos veio por Maria" e que "*não é possível ser cristão, separando o Filho de sua Mãe*"

(EF 452). Assim, pois, nunca rezemos sem nos unir a ela, *"a Mulher prometida para esmagar a cabeça da serpente"* (EF 455). Com isso, seguia o exemplo dos padres antigos ou modernos, Ambrósio, Augustinho, Bernardo, Boa-Ventura, Anselmo... que sabiam *"que temos que ir a Jesus por Maria"* (EF 454).

Por isso, não cessou de ensinar a seus discípulos que Maria é nosso modelo na oração, que nos ensina a rezar como fez com a Igreja primitiva, que podemos rezar hoje com ela e rogar a ela em qualquer circunstância.

Maria, modelo de nossa oração

Quem melhor que ela poderia mostrar-nos Cristo, seu Filho, e nos levar até Ele? Ela, que viveu *"unida a Jesus"* (EF 462) ao longo de toda a sua existência terrena, *"participou do mistério da ressurreição, [estava lá] da ascensão triunfante, velou com os apóstolos reunidos em torno dela no Cenáculo"* (EF 463)? Ela, a quem *"[o Cristo] confiou especialmente o cuidado de orientar nossa educação cristã, como orientou a dele mesmo, nos dias de sua infância"* (EF 474), porque é nossa Mãe, quem mais poderia ser o modelo de nossa oração, senão ela?

Se a oração do cristão encontra seu manancial na fé, se está inteiramente voltada para a esperança, para o amor daquele que é o Amor, então, Maria pode servir-nos verdadeiramente de modelo, pois nela a fé, a esperança e a caridade alcançaram graus inigualáveis.

Vimos a insistência de Chaminade na fé. A seus discípulos, a quem convida a *"permanecerem firmes na fé"*, também os convida à meditação de fé, particularmente quando lhes propõe a meditação sobre o Credo. Para eles, o melhor modelo será Maria, *"cuja fé foi plena, isto é, mais perfeita que a que valeu a Abraão o título e a qualidade de pai dos crentes"* (EF 477). Chaminade enfatiza também a força da fé de Maria.

Tão forte como a fé foi sua esperança, *"tão perfeita que manteve em sua alma uma confiança em Deus, mesmo à prova dos mais terríveis infortúnios..."* (EF 478). Oremos com a mesma confiança que ela orou.

E que nossa oração esteja tão cheia de amor como a de Maria. *"Ela amou mais a Deus em um só instante — dizem os santos Doutores — do que os anjos e os homens a amarão durante toda a eternidade"* (EF 479). Chaminade também afirma que Maria amava seu Deus com um amor único e que *"sua vida inteira foi um ardente suspiro de amor"* (EF 479). Oxalá, nosso amor fosse tão ardente quando oramos!

Maria nos ensina a orar

Para Chaminade, *"se nosso coração, tão encantado pelas criaturas, não experimenta por Deus nada mais que indiferença ou frieza, Maria o abrasará com os vivos ardores (do amor)"* (EF 481, 482), pois ela soube manter suas conversas contínuas com Deus no silêncio de sua solidão.

Assim fez com os próprios apóstolos. Durante os três anos do ministério público de Jesus, eles tinham vivido com o Mestre e puderam ficar com Ele, perguntar-lhe, pedir-lhe que os ensinasse a rezar. Durante esse tempo, Maria, de sua parte, havia vivido a ausência do Filho, e podemos crer que o Espírito a havia ensinado a orar, a manter uma relação espiritual com Jesus, coisas que certas passagens do Evangelho atestam. Depois da ascensão, quando Cristo deixou os seus, quando chegou "o tempo da Igreja", Maria, a Mãe de Jesus, conforme nos dizem os Atos dos Apóstolos, estava orando com os discípulos e a primeira comunidade cristã, ensinando-lhes a "oração cristã", a que se dirige a Cristo e que estrutura e reúne sua Igreja. Da mesma maneira que ela os iniciou pela inspiração do Espírito Santo, também pode fazê-lo, hoje, conosco e ensinar-nos a orar.

Nossa oração será — como a dos discípulos no Cenáculo — uma oração constante, que nos coloca diante de Deus e nos convida a manter a disposição do Espírito: "Que tudo seja feito em mim, tal como dizes". Nossa perseverança na oração expressará nossa fé no Senhor e testemunhará a esperança que colocamos nele. Assim, nossa oração será uma oração aberta ao futuro, "porque orar como a Igreja, ao modo de Maria, é viver aberto ao Espírito dia após dia" (J.-B. Armbruster). E será uma oração unânime, isto é, antes de tudo, uma oração da Igreja, da comunidade cristã, porque ninguém é cristão sozinho. Orar é um ato que une a comunidade reunida em tensão para a *parusia* ou volta do Senhor. A oração com Maria, "congregante dos crentes" (J.-B. Armbruster), é garantia de unidade para toda a Igreja. Isto é, encontra seu lugar na atividade ecumênica.

Orar hoje com Maria

Não há nada mais natural para um cristão do que orar com Maria, *"Mãe dos cristãos"* (EF 466). Considerando a Virgem em certas situações de sua vida, vamos propor algumas atitudes de oração para nosso tempo, por meio de verbos como se voltar para Deus, adorar, meditar, contemplar, louvar ou pedir, que nos ajudarão a orar com a Mãe de Deus.

• *Voltar-se para Deus*. Se quisermos orar, antes de tudo, teremos de nos voltar para Deus, como fez Maria ao longo de sua vida. Jovenzinha em Israel, faria parte de um *anawim*, os pobres de Javé que esperavam tudo dele e só dele. Seguindo suas pegadas, aprendamos a esperar a felicidade apenas de Deus e nos volvamos para Ele a cada dia, com Maria.

• *Adorar*. A adoração é certamente a primeira forma de orar diante do Senhor. Maria subia ao Templo para adorar o Eterno, mas podemos imaginar o fervor de sua adoração diante do Menino, deitado no presépio, sua dolorosa adoração ao pé da cruz e sua adoração jubilosa na manhã da Páscoa.

• *Meditar.* Maria, dizem os Evangelhos, conservava todas essas coisas em seu coração e as meditava. Quer dizer, orava. Quantas vezes, durante a vida pública de seu Filho, teve de se entregar a essa meditação que, sem dúvida, seguiu à cena da Anunciação ou à da apresentação ao Templo!

• *Contemplar.* Podemos imaginar a contemplação de Maria na Anunciação, no nascimento de Jesus em Belém, na manhã de Páscoa... Aprendamos a contemplar com ela as maravilhas que o Senhor faz por nós.

• *Louvar.* Basta citar o *Magnificat*: "Minha alma proclama a grandeza do Senhor, meu espírito se alegra em Deus, meu Salvador...". Com Maria, não deixemos de louvar o Senhor pelas maravilhas que não cessa de realizar para nosso bem em cada instante de nossa vida.

• *Pedir.* Em Caná, Maria soube ver a necessidade dos homens e se atreveu a insinuá-

-la a seu Filho, e assim foi a origem de seu primeiro sinal: "Eles não têm vinho". Assim como Maria, estejamos atentos às necessidades de nossos irmãos, os homens, e nos atrevamos a pedir.

Orar a Maria

Chaminade bem sabia que Cristo é o único mediador e o diz claramente: *"Jesus Cristo [...] único mediador entre Deus e os homens (1Tm 2,5): só Ele pode salvar-nos e nos salva"* (EF 451). Mas também sabia o que Maria é para nós: *"Devemos considerar a Virgem como a mãe da Graça, a porta do Céu, a saúde dos doentes, o refúgio dos pecadores, a força, a esperança, o auxílio e a vida dos cristãos"* (EF 453). Ela nos fez nascer para a vida da fé. Os primeiros cristãos já sabiam disso, e não tinham dúvidas em ir a Jesus por meio de Maria: a venerável oração do *Sub tuum*, dos séculos III e IV, está aí para atestar isto: "Sob teu amparo nos acolhemos, santa Mãe de Deus". Por isso, Chaminade aconselhava sempre a recorrer a ela, nossa advogada, nosso refúgio. *"Recorramos a sua poderosa mediação"* (EF 456) — escreve e acrescenta — *"Tudo é feito por ela, e dela nos vem tudo"* (EF 464).

> "Salve, templo da Trindade, Virgem e Mãe,
> alegria dos anjos,
> santuário de pureza.
> Vitória paciente ante a dor, jardim de gozo,
> cedro de castidade,
> consolo de nossas dores.
> Vinha e messe sacerdotal, terra bendita,
> Virgem santa e sem pedado
> desde tua concepção.
> És a cidade de Deus, porta do Oriente:
> toda a graça está em ti,
> escolhida do Senhor.
> (Extrato do *Pequeno Ofício da Imaculada Conceição, sexta*)

Nono dia

EM ALIANÇA COM MARIA

> Felizes mil vezes felizes os que, não contentes em pertencer a Maria como os outros homens, se consagram a ela em corpo e alma e se constituem, mais especialmente, seus servidores! (EF 475).

Desde suas origens, Guilherme José Chaminade propôs aos que o seguiam uma verdadeira consagração, ou melhor, uma verdadeira aliança com a Imaculada. Poderia parecer que se inspirou em Luís Maria Grignion de Montfort, mas não pôde conhecer seus escritos, descobertos em 1842 e só publicados depois de sua própria morte (1850). Sem dúvida, inspirou-se, em parte, na prática das congregações marianas jesuítas anteriores à Revolução: ele mesmo conheceu uma "consagração marial" em Mussidan... Segundo ele próprio confessa, durante seu desterro em Saragoça, havia tido uma inspiração aos pés da Virgem do Pilar, para reevangelizar a França pós-revolucionária, descristianizada. Essa inspiração, que deu origem à Família Marianista, faz dela uma *santa milícia*, alistada *sob a bandeira de Maria* e, portanto, *consagrada a ela*, dedicada a trabalhar *em aliança com ela* (naquela época eram correntes as metáforas tiradas do léxico militar).

Uma realidade insuspeitada

Para o discípulo de Chaminade, a noção de consagração-aliança com Maria é uma realidade insuspeitada, que condiciona sua oração e sua ação.

Está presente desde as origens da "Congregação", movimento de cristãos leigos, cuja fundação foi decidida em 8 de dezembro de 1800, com um grupo de jovens que, em 2 de fevereiro de 1801, se comprometeu, pronunciando este ato de consagração: *"Eu,* (nome de batismo), *servo de Deus e filho da Santa Igreja Católica, Apostólica, Romana, entrego-me e dedico-me ao culto da Imaculada Conceição da Santíssima Virgem Maria. Prometo honrá-la e fazê-la ser honrada em tudo o que de mim depender, como Mãe da juventude..."* (EP 1, 36.1). É preciso observar que os doze fundadores eram todos jovens e que este primeiro ato de consagração foi substituído muito rapidamente — em 1801 — por outro mais definitivo, do qual destacamos vários trechos: *"Creio [...] em tudo o que a fé cristã me ensina sobre [...] Maria: creio que é [...] Mãe de Deus e sempre Virgem [...]. Unicamente Deus está acima (dela) [...]. Creio e confesso que ela é toda pura em sua concepção [...]. Eu me entrego e me dedico ao seu culto, honro-a e honrarei sempre de modo especial sua Imaculada Conceição [...]"* (EP 1, 36, 221-223). (Note-se a insistência de Chaminade na Imaculada Conceição de Maria, que só seria proclamada como dogma em 1854.) Logo foi acrescentada a esse ato de consagração a enumeração de obrigações de toda pessoa consagrada *"ao culto da puríssima Maria"*. É preciso ressaltar esta última expressão: consagrado *"ao culto"* de Maria (em um ato de consagração posterior, diria: *"Nós nos consagramos ao vosso culto"*). Aqui o termo "consagrado" tem o significado de "dedicado a". Alguém se consagra ao culto de Maria "dedicando-se" totalmente à sua causa. É importante precisar isso para delimitar bem o pensamento de Chaminade no que concerne à consagração-aliança.

Questão de vocabulário

O pensamento de Chaminade tornou-se preciso muito rapidamente. Já, em 1801, escreve: *"Uma consagração ao culto da puríssima Maria* (de novo fala de 'consagração ao culto de') *forma entre a pessoa que se consagra e a Virgem [...] que recebe esta consagração uma verdadeira aliança. De um lado, Maria recebe sob sua proteção o fiel que se coloca [entre seus braços] e o adota como filho. Do outro, o novo filho de Maria contrai com [sua mãe] as obrigações [...]"* (EP 34, 11.12). Nota-se uma evolução clara: daí por diante, são preferidos os termos *"aliança, aliança verdadeira"*, contrato (por meio da forma "contrai") e *"obrigação"*, pois são termos que permitem compreender melhor a realidade da *"consagração-aliança com Maria"*, própria de Chaminade.

Com relação ao termo *"consagração"*, padre Hoffer deixa claro que uma pessoa não pode consagrar-se a uma criatura, mas só a Deus. Consequentemente, quando se fala em *"consagração a Maria"*, a palavra está tomada em sentido analógico, pois uma consagração propriamente dita não pode ser dirigida à Virgem. Alguém se consagra a Maria só para consagrar-se melhor a Deus. Teria sido mais preciso se dissesse que só Deus consagra — no sentido estrito da palavra —, isto é, "torna sagrado", pois só Ele é santo: "Deus é quem nos consagra..." (2Cor 1,21-22). Nós só podemos pedir-lhe que "nos faça santos", que "nos consagre". Ao usar expressões como *"me entrego e me consagro ao seu culto ou consagração ao culto de"*, Chaminade mostra bem o sentido que dá à palavra "consagrar-se": dedicar-se a, entregar-se a. E, para melhor realizar essa "entrega", é preciso contrair uma aliança com Maria.

Uma aliança é um compromisso mútuo entre duas pessoas. Para Chaminade, a aliança é "análoga àquela que o povo de Deus havia contraído com Adonai" (L. Gambero). *"Pelo mistério da encarnação* — escrevia — *contraímos uma dupla aliança: com Deus e com Maria, cujos filhos viemos a ser"* (EM 1, 351). Contrair uma aliança com Maria, "sinal" que Deus quis estabelecer entre Ele e nós, é acolher Maria em nossa vida, é dar-lhe seu lugar, deixar-se amar por ela, fazê-la conhecida, mas também deixar-se formar por ela, à imagem de seu Filho. "A aliança com Maria implica buscar a santidade" (J.-M. Arnaiz), porque ela está centrada no único Santo, o Cristo. *"Que disponha de nós como lhe aprouver* — exclamava Chaminade — *para maior glória de seu Filho"* (EM II 753).

Origem bíblica da aliança com Maria

A consagração-aliança com Maria proposta por Chaminade tem suas raízes na Sagrada Escritura. Ao pé da cruz de Jesus, é selada uma verdadeira aliança entre Maria e João (Jo 19,25-27). Dirigindo-se à sua Mãe e ao discípulo, Jesus diz: "Aí está o teu filho, aí está a tua mãe". Segundo Max Thurian, estamos na presença de "palavras de aliança", análogas às da aliança bíblica. Com efeito, Jesus estabelece um laço de amor recíproco entre sua Mãe e João, entre sua Mãe e os crentes que virão. O *fiat* de Maria ratificou de antemão essa decisão de Jesus; quanto a João, o evangelista nos diz que recebeu Maria em sua casa, "acolhendo-a entre seus bens mais pessoais, conforme o próprio sentido das palavras evangélicas" (J.-B. Armbruster). Temos aí uma cena de capital importância para compreender bem o vínculo de aliança com Maria, "um vínculo de amor filial e maternal recíproco entre nós, como discípulos de Cristo, e ela" (J.-B. Armbruster) Evidentemente, essa aliança pode ser vivida em distintos graus. Para Chaminade e os seus, está explicitada e selada por um compromisso na Igreja.

Natureza da consagração-aliança com Maria

É principalmente uma atuação batismal. "O batismo — escreve padre Hoffer — é uma consagração que destina o cristão ao serviço de Deus. Toda consagração posterior [...] apenas irá aprofundar e expressar em maior plenitude a do batismo. Padre Chaminade havia compreendido isso assim; e se ele preparava seus discípulos para consagrar-se a Maria, era para tornar mais efetiva a consagração de seu batismo". De fato, toda consagração era precedida pela renovação das promessas do batismo. Fiel à sua consagração batismal, o cristão que faz uma consagração-aliança com Maria quer converter-se, graças a Maria, em verdadeiro discípulo de Cristo. Se passar por Maria é porque o próprio Jesus no-la deu como Mãe, como modelo de nossa fé, e porque, graças a Maria, descobrimos nossa missão de "ser Maria na vida da Igreja, de continuar sua presença, sua fecundidade e seu serviço (poderíamos acrescentar, sua oração)" (João Paulo II, *Redemptoris Mater* 45).

Além do mais, é uma atuação eclesial. Ao contrair uma aliança com Maria, como Cristo nos propõe no Calvário, nós nos unimos a uma multidão de irmãos na Igreja, pois ninguém é cristão sozinho. Segundo o Vaticano II (*Lumen Gentium* VIII), Maria é o membro mais eminente da Igreja, além de ser seu "protótipo", e sabemos que cumpre com os crentes uma missão materna. Aceitar Maria é aceitar a Igreja e suas comunidades, é aceitar integrar-se ao Corpo-Igreja, cuja cabeça é Cristo, viver de sua vida e comprometer-se com Ele no serviço aos homens de seu tempo.

Santa Maria, Mãe de Deus,
eis-me aqui, diante de ti,
para renovar minha aliança contigo.

A ti me confio.
Apresenta-me por tuas mãos
ao Pai de nosso Senhor Jesus Cristo,
teu Filho ressuscitado e vivo;
que Ele me consagre,
para que eu lhe pertença mais inteiramente
e para que, participando de tua missão,
sob o sopro do Espírito Santo,
possa contribuir a fazê-lo conhecido
e amado
pelos homens de nosso tempo.
Amém.

(Ato de consagração-aliança com
Maria composto pelo próprio autor)

Décimo dia

"TODOS MISSIONÁRIOS"

Vocês todos são missionários, cumpram sua missão! Os verdadeiros missionários não devem contar, de maneira nenhuma, apenas com suas forças, com seus talentos e sua criatividade. Devem colocar sua confiança na graça de sua missão e também na proteção da Santíssima Virgem, porque estão trabalhando na mesma obra pela qual ela foi elevada à maternidade divina (EF 183, 184 Do Ofício de Leituras da Festa do Beato Guilherme José Chaminade, 2ª leitura, ed. espanhola).

Tomemos as últimas linhas do ato de consagração-aliança, citado no final do capítulo anterior: *"Que Ele (o Pai) me consagre a Ele (Jesus Cristo) para que eu lhe pertença mais inteiramente e para que, participando de tua missão (a de Maria), sob o sopro do Espírito Santo, possa contribuir, para fazê-lo conhecido e amado pelos homens do nosso tempo*". Aí se descobre que a consagração-aliança de Chaminade tem, além de sua dimensão eclesial, batismal e marial, também uma forte dimensão apostólica. Aquele que contrai uma aliança com Maria o faz visando "assisti-la" em sua missão de fazer com que Jesus Cristo seja conhecido e amado. Se Maria foi efetivamente *"elevada à maternidade divina"*, se sua missão foi trazer Cristo ao mundo, pode permanecer indiferente ao apostolado cristão? A Igreja a invoca como "Rainha dos apóstolos", e Chaminade estava convencido de que, *"depois de ter se convertido em mãe do Salvador, não tem outras disposições a não ser as de trabalhar na salvação dos homens"* (EM I, 481).

Esta é, pois, uma das características fundamentais da consagração-aliança de Chaminade com Maria.

Originalidade da concepção de Chaminade

Segundo padre Hoffer, no tempo de padre Chaminade, os cristãos eram conscientes apenas de que deviam ser testemunhas no meio dos homens desse tempo, embora essa orientação apostólica estivesse implícita nas promessas do batismo. Seria preciso esperar o Vaticano II para que tal aspecto da vida do batizado e do crismado fosse novamente valorizado.

Assim, em sua consagração-aliança com Maria, Chaminade já punha ênfase — muito antes do Concílio — na obrigação do discípulo em assistir a Maria em sua missão. E o fez com as metáforas que costumavam ser usadas nessa época, em particular uma, tirada o léxico militar que já encontramos. *"As novas congregações [...]* — escrevia — *[são] uma santa milícia* (Ignácio de Loyola falava de 'companhia') *que avança em nome de Maria"* (EF 443). Assegurava aos seus religiosos que se haviam alistado *"para trabalhar sob suas ordens e combater ao seu lado... com seus soldados e ministros"* (L VI, 1182); que se considerassem, portanto, *"auxiliares e instrumentos da Santíssima Virgem na grande obra [...] de manter e aumentar a fé"*, visando *"executar exatamente tudo o que ela disser"*. *"Quão sagrado é este contrato —* exclamava — *e que fecundo em benefícios!"* (L V, 1163). Tão fecundo para nós como para os crentes do século XIX.

Atualidade da atuação de Chaminade

Em sua *Carta aos pregadores de retiros* de 1839 (L V, 1163), Chaminade afirmava *"que a grande heresia reinante é a indiferença religiosa, que vai afundando as almas no embotamento que o egoísmo e o marasmo das paixões produzem"*. As coisas mudaram daí para frente? Segundo Olivier Clément, a avidez e o orgulho continuam sendo as maiores paixões de hoje, e não é menos certo que a indiferença religiosa está crescendo (apesar do despertar de um sentido do "sagrado" mais ou menos desordenado). Para tirar os homens desse sonambulismo, Maria tem de desempenhar o mesmo papel de antes, porque *"o poder de Maria não diminuiu, pois ela é a Mulher por excelência, a Mulher prometida para esmagar a cabeça da serpente [...]. Jesus Cristo, ao chamá-la sempre por esse grande nome de Mulher, ensina-nos que ela é a esperança, a alegria, a vida da Igreja e o terror do inferno"*. Nada há de excepcional que a ela esteja reservada, em nossos dias, *uma grande vitória*, a de *"salvar a fé do naufrágio que a ameaça entre nós hoje.*

Por isso, Chaminade recomendava a seus discípulos que estivessem sempre disponíveis a qualquer chamado de Maria e que lessem sem cessar as intenções da Virgem nos "sinais dos tempos". Estar disponíveis quer dizer rezar com ela e rezar a ela sem cessar. Discernir os sinais dos tempos supõe seguir o rastro de quem, nas bodas de Caná, soube ver que faltava vinho e disse aos que serviam: "Fazei o que ele vos disser" (Jo 2,5). Por isso, os discípulos de Chaminade tomaram essas palavras de Maria por divisa, as últimas que pronunciou nas Escrituras (EF 294).

Nas fileiras de Maria, todos os missionários

Sabemos, então, que *"a cada um de nós, a Santíssima Virgem assinalou uma tarefa para trabalhar pela salvação de nossos irmãos no mundo"* (EF 295). Do mesmo modo que estamos convencidos de que *"não atrairemos os homens a Jesus, a não ser por meio de sua Mãe Santíssima"* (EF 293). Queremos cumprir esta missão, *"apesar de nossa fraqueza"* (L V, 1163), porque podemos contar com a ajuda e o amparo da própria Mãe de Deus, graças à aliança que selamos com ela.

No mundo de hoje, essa missão consiste *"em multiplicar cristãs e cristãos"* (EF 182 e 12) como os primeiros congregantes faziam: *"O zelo dos doze [jovens] devia redobrar no momento das missões. Encarregava-se dois ou três de cuidar dos mais fracos [...] ou de devolver ao grupo aqueles que tivessem se afastado dele"* (EF 11). Isto é, um testemunho de proximidade na vida, de certo modo, "por contágio". Um testemunho mediante o exemplo, certamente, mas sem excluir a palavra.

Um testemunho que alcançasse, segundo as próprias palavras de Chaminade, *"todas as classes, todos os sexos e todas as idades"*, sem exclusão, *"mas sobretudo a juventude e os pobres"*. Encontramos no Beato Chaminade uma "opção preferencial" pelos jovens e pelos pobres, já inteiramente conforme à opção do Vaticano II. Por isso, não surpreende que os discípulos de Chaminade, *"santa milícia* (do latim *miles*: soldado) *que avança em nome de Maria"* (EF 443), tenham escolhido testemunhar sua fé entre os jovens e comprometer-se — como fazem em várias regiões do globo, tanto os religiosos como os leigos — entre os mais pobres, os preferidos do Senhor?

"Nossa obra é grande, é magnífica — escrevia padre Chaminade aos pregadores de

retiros em 1839 —; *se é universal, é porque somos os missionários de Maria, que nos disse: 'Fazei o que Ele vos disser'. Sim, todos somos missionários"* (L V, 1163). E, precisamente, porque somos missionários, testemunhas do amor entre os homens de hoje, temos de rezar sem cessar, não só por aqueles que somos convocados a encontrar ou por aqueles que nos encontrem, mas também por este mundo que é nosso; devemos orar individualmente e em comunidade, no seio da Igreja, corpo de Cristo, servidora dos homens.

Oração para renovar nossa aliança com Maria (habitual na Família Marianista)

Senhor, nosso Deus,
para salvar todos os homens
e conduzi-los a ti,
nos enviaste teu amado Filho,
que se fez homem,
nascendo da Virgem Maria.
Concede-nos ser formados por ela
à semelhança de seu Filho primogênito

e ajuda-nos a participar
do amor de Cristo para com sua Mãe.
Tu associaste Maria ao mistério de
teu Filho,
para que fosse ela a nova Eva,
a mãe de todos os viventes.
Confirma a aliança
que com ela contraímos.
Que nossa consagração
prolongue na terra sua caridade maternal
e faça crescer a Igreja,
Corpo Místico de teu Filho, Nosso Senhor.
Amém.

Décimo primeiro dia

ENTREGAR-SE A SÃO JOSÉ

Rezemos, então, a São José com todo fervor e com total confiança. Foi-lhe dado um grande poder no céu e na terra; ele pode obter-nos com Maria tudo o que nos falta, tudo o que necessitamos... Tenhamos por ele uma devoção inteiramente filial e que seu nome seja sempre bendito, em nossos corações e em nossos lábios, junto com os de Jesus e de Maria (EdF II, 998).

Guilherme José Chaminade gostava de recorrer a São José. Fazia isso em todas as circunstâncias e lhe pedia especialmente que o sustentasse em sua missão, pois a Igreja de Cristo é composta pela Igreja peregrina — da qual fazemos parte nesta terra — e Igreja gloriosa — a dos santos que nos precederam. E esta vive em profunda comunhão conosco, sendo que os santos têm a missão de nos ajudar, intercedendo por nós.

Por ocasião de sua Crisma em Mussidan, Guilherme tinha adotado o nome de José, que preferia ao seu nome de batismo, como já dissemos. Daí para frente, assinava G. José e, muito mais tarde, escolheu São José como segundo patrono da congregação. Quando deixou suas últimas vontades aos superiores-gerais da Companhia de Maria, prescreveu-lhes que fosse acrescentado o nome de José ao de cada um deles, ao começar seu mandato: para que "encontrassem em São José um modelo de solicitude paternal com a Família de Maria" (Regra de Vida Marianista 7,27).

Fundamento da devoção a São José

Para Chaminade, *"é impossível separar a devoção a São José da de Maria, sua esposa"* (EdF II, 988). Efetivamente, *"Maria e José foram tão unidos na terra que não é fácil separá-los em nossa veneração. Passaram suas vidas em uma serena intimidade, e suas almas, enlaçadas uma à outra por amor a Jesus, fundiam-se nos mesmos pensamentos e nos mesmos sentimentos. Escolhido pelo Eterno para cooperar em seus desígnios,*

José foi destinado à Sagrada Família para ser seu guardião [...], o pai provedor de Jesus, o protetor e o apoio de Maria. Aqui na terra, viu a Mãe e o Filho submetidos a sua vontade: qual será hoje seu poder diante deles no céu? Maria é a depositária das graças; mas quem teria o poder de abrir seu tesouro [melhor] que José?" (EdF II, 989).

Como vemos, a confiança de Chaminade em São José se fundamenta na escolha do próprio Deus, que o chamou para "cooperar em seus desígnios", em consideração ao papel de São José junto a Jesus e Maria, durante sua vida terrena — papel de entendimento conjugal e de paternidade responsável —, e por último, na contemplação de sua glória no céu e de suas funções de intercessor diante de Maria e do próprio Jesus: *"Qual será seu poder perante eles!"*.

Com essas premissas, entende-se que ele exclame em uma carta de 19 de março de 1833 a Lalanne, em um momento especialmente difícil: *"Deixei tudo nas mãos de São José, que tão grande poder sobrenatural possui. Deixei em suas mãos tanto as pessoas como as coisas..."* (EdF II, 993). E nos convida a fazer o mesmo.

Imitar as virtudes de São José

Chaminade não se contenta em convidar a se entregar a São José, mas o propõe desde o princípio como modelo de vida cristã e religiosa. Assim é como ele fala na primeira edição do *Manual do servidor de Maria*, *"os exemplos de humildade, de prudência, de paciência, de fidelidade, de obediência e de submissão que São José nos deu"*, e acrescenta que conviria honrá-lo sobretudo *"com a fiel imitação de suas virtudes"* (EdF II, 989).

Com efeito, José se colocou inteiramente à disposição dos projetos de Deus, inclusive, quando estes lançavam por terra seus próprios projetos; é modelo por sua fidelidade exemplar à vontade do Pai e por sua entrega ao filho e a sua Mãe; esperou pacientemente o cumprimento da missão de Jesus. Sua prudência anda junto com sua grande humildade. Com a ajuda de São José, podemos alcançar estas virtudes: disponibilidade à vontade do Senhor, fidelidade a nossos compromissos e humildade verdadeira.

Vimos que Chaminade convidava seus sucessores à direção da Companhia de Maria (religiosos marianistas) a tomar como modelo o pai provedor de Jesus: "Ministro fiel da Virgem para administrar sua família e sua casa — diz uma antiga versão de sua regra —, o superior-geral acrescenta sempre a seus nomes o do glorioso patriarca [...]; tomando-o sempre por modelo de uma administração prudente e ativa, firme e paternal" (EdF II, 995). Escreve a um de seus religiosos, superior de comunidade, em 2 de abril de 1837: *"Rezei especialmente pelo senhor, por intercessão de São José no dia de sua festa. Não duvido de que obterá as virtudes que pedir, se corresponder às graças que receber"* (EdF II, 998).

Recorrer à intercessão de São José

"Rezei especialmente pelo senhor, por intercessão de São José..." Vemos que Chaminade não duvidava que pudesse recorrer a São José para lhe pedir que intercedesse em nosso favor diante do próprio Deus ou de Maria, para que ela intercedesse também. E convidava seus discípulos — e nos convida — a imitá-lo em sua oração confiante. *"O servidor de Maria —* escreve *— terá devoção a São José. Como veneração de respeito e amor, esforçar-se-á para merecer*

a proteção deste grande santo. Pedir-lhe-á, em especial, que lhe obtenha a graça [de uma boa morte]" (EdF II, 990).

Assim, pelo poder de sua intercessão, pediremos a São José proteção nesta vida e a graça para a hora de passar desta para a vida eterna. Essa preocupação da boa morte encontraremos também em Adela de Batz de Trenquelléon, fundadora das religiosas marianistas junto com Chaminade.

Em outro lugar, acrescenta também nosso beato: *"Recorrei a ele com confiança e inspirai essa confiança nos demais"*. A própria Santa Teresa de Jesus afirmava não ter pedido nunca nada em seu nome que não tivesse obtido (EdF II, 989). E assim, fizeram os discípulos de Chaminade, como as religiosas de Agen, que pediam, por exemplo, a cura de uma doente ou a ajuda na necessidade material; ou os religiosos, que encomendavam a São José uma nova fundação ou uma comunidade necessitada. Rezavam-se as ladainhas do santo, fazia-se uma novena... *"Depositemos nossa confiança —* escrevia a Adela de Batz de Trenquelléon, em 11 de março de 1818 — *na proteção de nossa*

Mãe [Maria] e na de seu santo esposo. A novena a São José começa hoje" (EdF II, 996).

Chaminade chegou a encomendar suas funções (ou seja, a Companhia de Maria) a São José: *"Não sei que sentimento de confiança e felicidade experimentava —* dizia *— ao encomendar tudo insistentemente a São José. É tua família, dizia-lhe [...], Maria é tua mãe e tu nos adotaste, nela e por ela, como filhos teus. Que, por teus cuidados, Maria se mostre cada vez mais nossa Mãe! E tu, grande santo, provê nossas necessidades com uma solicitude paternal..."* (EdF II, 998).

"Como me agrada chamar São José de Patriarca dos cristãos e dos eleitos de Deus! — dizia G. José... *Não foi um instrumento passivo na grande obra de nossa salvação, teve uma parte bastante ativa... Coloca verdadeiro interesse na salvação e na santificação das almas... O nome de São José será um nome de proteção em todos os momentos da vida"* (EP II, 206, 186). Temos, pois, as melhores razões para nos encomendar a ele, porque estamos ainda a caminho com a Igreja peregrina nesta terra.

Oração a São José

São José,
modelo e padroeiro das almas puras,
humildes, pacientes e espiritualizadas,
aceita com bondade a confiança que
temos em ti.
Damos graças a Deus
pelos singulares favores
que te dignaste generosamente a nos
conceder
e pelo desejo
que nos inspiras de imitar tuas virtudes.
Roga por nós, grande santo,
e pelo amor que tiveste por Jesus e Maria
e que Jesus e Maria tiveram por ti,
alcança-nos a felicidade incomparável
de viver e de morrer no amor de Jesus
e de Maria.
Amém.

Décimo segundo dia

ORAR COMO IGREJA

Entremos nesta casa, a Igreja, que Deus construiu (EF 1054). É um corpo místico, cujos membros têm entre si uma união interior e real, com um mesmo espírito que forma neles um amor e uma inclinação de uns para os outros (H p. 95). Por que Maria vai até o Calvário? Vai para dar cumprimento a grandes mistérios: todo o depósito da fé está em Maria... Ao pé da cruz, ocupava o lugar da Igreja (EF 571).

Não estamos inscritos isoladamente no caminho que leva à identificação com Cristo — escreve padre Hoffer —, mas formamos um só corpo, cuja cabeça é Cristo. Esse corpo é a Igreja". Nesta Igreja, somos chamados a viver, pela oração e pela celebração dos sacramentos, entre outros meios, esse "misterioso intercâmbio entre a terra e o céu" que ela estabelece, "entre os homens e a Trindade", cuja união realiza concretamente.

Padre Chaminade estava profundamente unido à Igreja e tinha um supremo cuidado em nunca agir, fora de seu âmbito, mas nela e com ela. Por exemplo, não quis empreender sua obra de fundação, até que não obteve da Santa Sé o título de "missionário apostólico". *"Era preciso* — escreve a propósito da Companhia de Maria — *que o primeiro superior [...] fosse aprovado explicitamente pelo Soberano Pontífice e recebesse dele o caráter sagrado da missão que, em seu nome, exerce por si mesmo e pelos seus na Igreja de Deus"* (Circular, p. 83). Mesmo assim, sempre quis que suas funções fossem reconhecidas pelas autoridades do lugar e pela sede apostólica, e, se formava cristãos em sua congregação, era para que as paróquias, células básicas do corpo eclesial, tivessem paroquianos.

Um grande amor à Igreja, Corpo de Cristo

"No coração da Igreja, minha Mãe, eu serei o Amor", dizia Teresa de Lisieux. Antes dela, Chaminade havia dito algo parecido, pois para ele *"a Igreja, tomada em sentido ge-*

ral, é a associação de fiéis e de pastores reunidos em Jesus Cristo, para formar um só corpo, cuja cabeça é Ele" (EP II, 79). Uma Igreja *"sempre animada e guiada pelo Espírito Santo"*, cujos bonitos nomes — tirados da Sagrada Escritura ou da Tradição — gostava de lembrar: esposa de Cristo, casa de Deus, arca de Noé, tabernáculo de Deus com os homens, templo do Espírito Santo, campo de Deus, vinha do Senhor, barca de Pedro...

"Explique-lhes bem [...] que Jesus Cristo é o chefe dos cristãos. São Paulo volta várias vezes a este tema em suas cartas" (D II 154-155), escrevia padre Chaminade a um mestre de noviços. E mostrava que cada batizado tem uma *"união essencial"* com Cristo pelo batismo; *"quando existe essa união* — confirmava —, *as ramas dão muitos frutos"* (D II, 173), e aludia à parábola da vinha e dos sarmentos. E insistia na maneira de manter essa união essencial, dedicando-se, por exemplo, *"a orar, a agir [...], unindo nossas orações, ações e sofrimentos aos de Jesus Cristo"* (D II, 178).

E se Cristo é a cabeça, a Igreja — corpo de Cristo — participa, portanto, da mesma santidade de Cristo (apesar dos pecados reais de seus membros, pelos quais João Paulo II pediu perdão, durante o jubileu do ano 2000), a tal ponto que *"uma pessoa realmente cristã só pode e deve viver da vida de Nosso Senhor Jesus Cristo... Esta vida divina deve ser o princípio de todos os seus pensamentos, de todas as suas palavras e de todas as suas ações"* (D II, 335). Chaminade se comprazia em salientar que a vida dos membros devia ser a mesma que a da cabeça. *"Todos os membros participam dos bens e dos benefícios da cabeça... O bem ou o mal que se faz ao menor dos seus membros se faz também ao próprio Cristo... Existe uma comunicação de bens espirituais entre os santos do céu e os que ainda estão na terra... Cada membro, vivendo do Espírito Santo de Deus, tem parte em tudo quanto se faz agora e sempre se fez na Igreja"* (D II, 162-167). Isto é o que chamamos "comunhão dos santos". Compreende-se assim que Chaminade tenha escrito, como já citamos, que *"toda nossa felicidade consiste em estar unidos a Jesus Cristo"* no seio da Igreja, que é seu corpo.

Maria e a Igreja

Pode-se intuir também que, para Chaminade, onde está a Igreja, está Maria. Muito antes do Vaticano II, apresentava a Virgem como arquétipo e modelo da Igreja. "Como Maria engendrou Cristo no mundo e continua fazendo homens nascerem em Cristo — escreve padre Hoffer —, assim, a Igreja O faz nascer [em cada batizado]". "A Igreja — afirmam os padres do Vaticano II — [...] converte-se em mãe também... Engendra para a vida nova e imortal os filhos concebidos pelo Espírito Santo e nascidos de Deus" (*Lumem Gentium* 64). E Chaminade escrevia que *"o corpo místico de Cristo foi concebido por Maria [...] ao pé da cruz... Para anunciar e confirmar esse grande mistério do corpo dos eleitos, Jesus diz: 'Mulher, aí tens teu filho'* (Jo 19,26). *De certa maneira, ela nos dá à luz"* (EP II, 164, 33). Para ele, Maria aparece autenticamente como arquétipo da Igreja, que também nos ensina a orar.

Orar como Igreja ou a Igreja e os sacramentos

É impossível ser de Cristo sem participar do culto da Igreja, sem receber os sacramentos, mananciais da vida cristã. *"Os sacramentos —* dizia Chaminade — *são como as veias e os canais que levam a cada membro o sangue, isto é, o Espírito e a vida de Jesus Cristo"* (EP II, 88,2).

Para ele, os sacramentos de iniciação cristã — batismo e confirmação (falaremos da Eucaristia, sacramento de iniciação, como sacramento de vida cristã) — tinham uma importância tão grande que não parou de aprofundar seu sentido com seus discípulos. O batismo é um novo nascimento, dá uma nova vida que é participação da própria vida de Cristo. Põe-nos em relação com as três Pessoas Divinas e nos leva à santidade, que é a conformidade com Cristo Jesus. Celebramos o aniversário desse grande acontecimento, como Chaminade fazia? *"A unção sagrada do batismo é uma unção régia"*, gostava de dizer. *"Faz-nos reis, sacerdotes e profetas"* (EF 993).

Quanto aos sacramentos da vida cristã, reconciliação e eucaristia, Chaminade lhe dedicou bonitas páginas. *"Com que disposição nos aproximaremos do sacramento da penitência —* dizia *— se acreditarmos no que acontece ali entre Deus e nós!"* (EF 949). A respeito da Eucaristia, sacramento central que constitui a Igreja, eis o que escrevia: *"É como o domicílio do Deus de amor. É como a sarça ardente que não se consome, mas que consome todas as escórias dos vícios... Neste sacramento do amor, Deus formou as almas de Francisco de Assis, de Tomás de Aquino, de Catarina de Sena, de Teresa d'Ávila (Teresa de Jesus) e de tantos outros... É a escala mística pela qual a pessoa se eleva [à santidade]"* (EF 591). Chaminade recomendava a seus discípulos a celebração diária da Eucaristia e aconselhava também a comunhão frequente muito antes de que se estabelecesse seu uso: *"Quantas vezes é preciso receber a Eucaristia? Devemos recebê-la da mesma maneira que temos o cuidado de receber o alimento do corpo. Sem este divino alimento, produz-se a morte espiritual"* (EdF II, 1062). Que Maria nos sirva de modelo no momento de receber o corpo de Cristo: *"O que poderíamos fazer de melhor [...] além de tentar reproduzir em nós os sentimentos que a Santíssima Virgem teve, quando o Verbo se encarnou nela? [...] Apresentemos a Deus o fervor de seus* *sentimentos [de Maria] como suplemento da debilidade e da fraqueza dos nossos"* (EdF II, 1098).

Para Guilherme José Chaminade, a celebração eucarística é certamente a forma mais elevada de oração à qual nos podemos associar. Na missa, que é *"a continuação da cena do Calvário, [a Igreja] dedica a oblação a Deus Pai, que enviou seu Filho, o qual se entregou à morte por nós, a Deus Espírito Santo, cujo eterno amor foi o fogo que O consumia"* (EP II, 109, 196). E assim nos coloca em comunhão com o mesmo mistério do amor do Deus Trino e Uno.

> Por Cristo, com Cristo e em Cristo,
> a vós, Deus Pai onipotente,
> na unidade do Espírito Santo,
> toda honra e toda glória
> por todos os séculos dos séculos.
> Amém.
> *(Liturgia eucarística)*

Décimo terceiro dia

UM POVO DE SANTOS

O espírito principal da Companhia [de Maria] é apresentar ao mundo o espetáculo de um povo de santos (EF 64).

As congregações [são] uma santa milícia que avança em nome de Maria (EF 443).

Chaminade esperava de seus discípulos *"um grande desejo de salvação"* (L I, 221 e outros), um grande desejo de santidade. Para Santa Teresa, o desejo de ser santo é uma graça, pois constitui uma força que impulsiona todo o ser e todas as faculdades do ser. Pode ser outra coisa — pergunta a si mesmo padre Hoffer — senão uma declaração de incapacidade, um grito Àquele que é o único que pode satisfazê-lo? O próprio Deus não espera que "o desejo escave a capacidade de receber" no homem? A Virgem Maria canta isso acertadamente em seu *Magnificat*: "Cumula de bens os famintos e os ricos despede de mãos vazias". Aquele que tem sede e fome de seu amor, o que vive em estado de desejo, esse é capaz de orar verdadeiramente.

Naturalmente, esse desejo tende para Deus, e todo caminho e santidade é um meio de alcançar o fim, como diz muito bem a Escritura: "Como a corça busca as correntes de água, assim minha alma te busca, Deus meu" (Sl 41,2). Mas buscar Deus dessa maneira, não é já tê-lo encontrado? "Fizeste-nos para ti, Senhor — exclamava Santo Agostinho —, e nosso coração está inquieto até que descanse em ti" (*Confissões* I, 1).

Temos, pois, que nos esvaziar, nos aprofundar, nos escavar, nos colocar em estado de *kenosis*, para que cresça o desejo e para que o Único que é Santo possa preencher-nos totalmente.

Perfeito ou santo: questão de vocabulário

Chaminade não fazia distinção entre as palavras "perfeito" e "santo". A Sagrada Escritura também emprega as duas.

Encontramos "perfeito" em Mateus e em Tiago. "Sede perfeitos como perfeito é vosso Pai celeste" (Mt 5,48) e "Se quiseres ser perfeito, vai, vende tudo o que tens e... em seguida, vem e segue-me" (Mt 19,21); para Tiago, o apóstolo o emprega várias vezes em sua epístola. Pelo que parece, o tema da perfeição foi tirado do judaísmo: o crente poderia alcançá-la cumprindo as prescrições da Lei.

O termo "santo" está presente na primeira e na segunda Aliança: "Sede santos, como eu, o Senhor vosso Deus, sou santo" (Lv 19,2), para a primeira; "Assim como aquele que vos chamou é santo, assim também vós sois santos" (1Pd 1,15), para a segunda.

Alguns discípulos do padre Chaminade pensam hoje, e nos parece que com razão, que convém dissociar os dois termos. Para eles, "a perfeição designa a dinâmica dos meios" (J.-B. Armbruster), enquanto que "a santidade designa o fim", o próprio santo. A santidade do único santo, Jesus Cristo, é a vocação de todo batizado e, segundo o Vaticano II, "a vocação universal na Igreja". "Todos os cristãos são santos — escreve J.-B. Armbruster — e se santificam sem cessar sob a ação do Espírito Santo e a cooperação materna de Maria". Somos, portanto, chamados a ser e a nos converter *"em um povo de santos"*.

Uma exigência para todos

Esta parece ser a convicção de Chaminade, mesmo quando se vir nele uma diferenciação entre o chamamento à santidade dos leigos e dos religiosos (segundo a ideia generalizada em seu tempo, contra a qual o Vaticano II reagiu). No entanto, Chaminade escreve que a Igreja é uma *"nação santa"* e que todos *"somos chamados à santidade e somos santificados pela graça"*. E cita o apóstolo: "Esta é a vontade de Deus: vossa santificação" (1Ts 4,3). E diz em outro lugar: *"Os cristãos devem ser santos"* (EF 1185). E acrescenta a etimologia da palavra santo: *"quer dizer, separados de todo apego e aplicados a Deus em si mesmo"*.

Padre Hoffer lembra que o Evangelho é categórico nesse ponto. Jesus se dirige a todos os homens. "Que ninguém imagine — dizia Pio XI — que estas palavras só concernem a alguns privilegiados. Este preceito obriga a todo o mundo [...] sem nenhuma exceção" (*Rerum omnium*). E Pio XII não pensava de maneira diferente: "Em qualquer estado de vida, todos podem e devem imitar [...] a santidade que

Deus propôs aos homens na pessoa de Nosso Senhor" (*Casti connubii*). Portanto, todos somos chamados, claramente, a formar *"o povo de santos"*, do qual Chaminade falava.

O caminho proposto por Chaminade

"Quantos santos — exclamava — *brilharam na Igreja como os astros no céu!"* (EF 1054,3). E se lembrava dos santos bispos, dos religiosos, das virgens, dos ermitãos... *"E que abundância de frutos trouxeram os apóstolos, os mártires, os santos, os religiosos, os cristãos fervorosos!"* (EF 925,2). Para podermos reunir-nos com eles, Chaminade propõe-nos um verdadeiro caminho de santidade, um caminho (que, às vezes, chama de "método") que leva ao único Santo, Cristo.

Quando falamos de método, convém andar com cuidado para não cairmos no "voluntarismo" ou no "psicologismo". "Ao concentrarmos nossos desejos na busca da perfeição — escreve padre Hoffer —, corremos o risco de olhar a nós mesmos, de esgotar as forças na busca vã de um humanismo mais ou menos estoico, cujo resultado é deixar que a alma oscile entre o orgulho de querer ser perfeita e o desespero de não sê-lo" (H p. 117). Uma vez mais, o que Chaminade propõe é um caminho que, se o transformarmos demasiadamente em um "método", poderia derivar em "psicoterapia", quando ele quis, sinceramente, traçar um caminho de santidade.

Poderíamos dividir em três partes o caminho que ele propõe. Chaminade fala sucessivamente — usando termos próprios de sua época — de *"virtudes de preparação"*, *"virtudes de purificação"* e *"virtudes de consumação"*.

Entre as "virtudes de preparação", contam-se os cinco silêncios, dos quais já falamos, a propósito da vida na presença de Deus. Não voltaremos a falar sobre isso. Continuando, estão *"o recolhimento, a obediência e suportar as mortificações"*. No início, eram "pequenos passos" que o fundador propunha aos seus noviços religiosos... De fato, com essas virtudes, coloca-se em marcha toda uma dinâmica que permite nos conhecermos melhor e, assim, nos libertarmos e nos comprometermos com o mistério pascal. Desse modo, o recolhimento é *"a virtude de Deus no coração do homem"* (EP V,

54): silêncio e recolhimento ajudam a *"viver na presença de Deus"*. *A obediência* é uma aprendizagem que, "através de meditações humanas, torna possível obedecer ativamente a Deus e participar, de forma simples e entregada, de seu plano de amor para nós" (J.-B. Armbruster). Suportar as dores da vida (*suportar as mortificações*) ensina a paciência e a resistência e ajuda a não se dobrar sobre si mesmo. Essas *virtudes de preparação* proporcionam, de fato, ao batizado, uma estrutura espiritual que lhe permitirá, *"com a ajuda da graça e segundo sua capacidade"* (ED I, 20), ir mais longe. Avançar é essencial.

E "mais longe" é onde as *virtudes de purificação* nos levarão. O trabalho de *purificação* consiste em julgar-se a si mesmo e abrir o coração ao Espírito Santo, a fim de que o fundo de nosso ser possa ser renovado e nos leve a lutar contra os obstáculos interiores (fraquezas, más inclinações, incertezas) e os obstáculos exteriores (contrariedades, propostas do mundo, tentações) no caminho para a santidade. "Se alguém quer ser meu discípulo — dizia Cristo — negue-se a si mesmo, tome sua cruz e me siga" (Mt 16,24; Lc 9,23).

As *virtudes de consumação "são as quatro virtudes* (trata-se da humildade, da abnegação, da renúncia às coisas deste mundo e da pobreza) *que acabam com o homem velho e revestem a alma [...] de justiça, de forma que o homem novo, Jesus Cristo, possa ser formado nela"* (EP V, p. 325-326). A humildade "nos permite descobrir nosso verdadeiro rosto, contemplando o de Deus" (J.-B. Armbruster). A abnegação faz "passar da fidelidade a Jesus à docilidade ao Espírito Santo" (J.-B. Armbruster). A renúncia leva "o discípulo a viver a não possessão da criação", diz o mesmo autor e o torna apto para experimentar a pobreza dos pequenos, aos quais foi prometido o Reino.

"Uma alma que chegou a este ponto já não vive mais que da fé, da esperança e do amor... Linda vida! Verdadeiramente feliz!" (EP V, p. 325-326).

> Senhor, nosso Deus,
> para fazer-te conhecido,
> amado e para servir-te melhor,
> graças à nossa aliança com Maria,
> concede-nos apresentar ao mundo
> o espetáculo de um *"povo de santos"*.
> Amém.

Décimo quarto dia

CONDUZIDOS PELO ESPÍRITO

Abandonar-se unicamente à condução do Espírito de Deus, que mora em nós, (convencer-nos) de que empregará nossos bens muito melhor que nós mesmos... [Tentar manter-se] em uma simples e nua dependência de Deus [...], para executar suas obras e seus desígnios e [não mais tomar parte neles] a não ser na que nos quiser dar (EP 215, 230).

A alma, transformada em chama de amor comunicada pelo Pai, pelo Filho e Espírito Santo, experimenta momentos como os de vida eterna (EP 213,230).

Está claro que não podemos seguir a sós o caminho de santidade que Chaminade traça. Necessitamos da ajuda do Espírito Santo, como nosso beato falou extensamente, desde 1829. Podemos invocá-lo a todo momento, consultá-lo, rezar para Ele, ouvi-lo, para seguir seu impulso. Por que não é Ele que nos anima, que nos atrai e nos assiste sem cessar? Que aumenta nossa fé, sobretudo *"essa fé do coração"*? Que nos fortalece, que aquece nossa alma e nos leva para Deus? *"Levar-nos-á a Deus com ardor —* escreve G. José Chaminade — *e nos fará a todos um com Ele, e nos consumará perfeitamente, à semelhança de Jesus Cristo no seio do Pai"* (EF 938). Submergir-nos-á no coração ardente do amor.

Quem é o Espírito Santo?

"Creio no Espírito Santo", o Credo nos diz. Chaminade parte desse oitavo artigo do Símbolo para nos recordar quem é o Espírito Santo, *"terceira pessoa e um só Deus com o Pai e com o Filho"* (ED II, 19,20).

Seguindo M. Olier, adota a distinção entre *Espírito de Deus* e *Espírito de Jesus Cristo*. Assim, o Espírito Santo chama-se Espírito de Deus, quando nos faz participar dos mesmos atributos de Deus pelas virtudes de fortaleza, poder e vigor. E se chama *Espírito de Jesus Cristo*, quando faz crescer em nós as virtudes que Cristo praticou e que são o amor à cruz, a humildade, a pobreza. Essa distinção permite conformar-nos mais a Cristo antes de sua morte, quando é humilhado sob a ação do *Espírito de Jesus Cristo*, e depois de sua morte, quando é exaltado na glória da ressurreição, sob a ação do *Espírito de Deus*.

O Espírito Santo nos foi dado no batismo e na confirmação. É *"nossa luz"*, ele *"dirige nossa conduta e nos anima com seu fogo divino"*. É igualmente nossa força, que infunde em nós seus sete dons: dom de sabedoria, de entendimento, de ciência, de conselho, de fortaleza, de piedade, de temor de Deus, que é *"respeito filial, mesclado de amor"* (EF 896, 897).

O Espírito Santo, *"princípio de tudo, que nos possui por completo"*, transforma-nos em seres espirituais: *"Está e habita em nós, para agir em nós para a glória de Deus, para nos vivificar e para ser o princípio de nossa vida nova e da vida divina, da qual temos de viver"* (ED II, 33). Mas sua ação jamais é exercida em nós, sem a cooperação de Maria, aquela que crê, nossa Mãe.

O Espírito Santo em ação com Maria

Pois a santidade, segundo Chaminade, é ao mesmo tempo a obra de Deus e a obra do homem. Como diz J.-B. Armbruster, a quem devemos estas linhas, a santidade resulta de uma cooperação divino-humana. E Chaminade coloca em relevo o papel de Maria, que se situa, ao mesmo tempo, ao lado do Espírito Santo, com quem colabora, e ao lado dos cristãos, dos quais é parte.

Se o Espírito Santo é a alma da Igreja, Corpo de Cristo, e se mantém sua unidade, é também o santificador e vivificador de cada batizado. Cada Cristão — escrevia Chaminade — *"recebe em seu batismo o Espírito de Jesus Cristo, é concebido, por assim dizer, pelo Espírito de Jesus Cristo. Este mesmo Espírito o fará crescer até a idade perfeita, até a completa conformidade com Jesus Cristo"* (ED II, 418). O Espírito está, pois, ativamente presente na concepção, no nascimento e em todo o crescimento do cristão. Cabe a nós saber corresponder-lhe, aderir o melhor possível a sua ação em cada um de nós. E de que outra maneira melhor que mediante a oração? "Vem, Espírito Santo, e acende em nós o fogo de teu amor."

Maria, de sua parte, não tem nenhum poder sem o Espírito, que a colocou sob sua sombra. Mas com Ele tudo pode. Como Jesus nasceu de Maria, também nós, pelo Espírito Santo, *"fomos concebidos em Maria* — escreve Chaminade —, *devemos nascer de Maria e ser formados por Maria, à semelhança de*

Jesus Cristo, para que sejamos com Ele outro Jesus, filhos de Maria" (ED II, 420). Assim, de certa forma, Maria realizará *"a educação religiosa de cada um dos seus"*. Nesse tema, Chaminade é inesgotável... Pode-se dizer com ele que a santidade cristã é obra do Espírito Santo. Em união com Maria, ela é igualmente *"obra do homem"*, uma vez que cada um saiba permanecer dócil ao Espírito

Dóceis à ação do Espírito Santo

Depois de ter dito e repetido que *"o Espírito Santo nos faz semelhantes a Jesus Cristo e nos faz viver de sua própria vida"* (ED II, 19), Chaminade nos indica algumas pistas práticas que nos podem ajudar a permanecer mais dóceis à ação do Espírito Santo.

Em primeiro lugar, não se deve colocar *"obstáculos às luzes do Espírito Santo por leviandade, devassidão, pecados ou resistência a suas inspirações"* (ED II, 23). Dizia o apóstolo: "Não entristeçais ao Espírito de Deus que habita em vós" (Ef 4,30).

Em seguida, é necessário orar frequentemente ao Espírito Santo. Cada dia, cada manhã, antes de qualquer trabalho importante...

Existe todo tipo de orações ao Espírito Santo: o *Veni Creator*, o *Veni Sancte Spiritus* ou esta simples fórmula:

> Vinde, Espírito Santo,
> enchei os corações de vossos fiéis
> e acendei neles o fogo do vosso amor.
> Senhor, enviai Vosso Espírito e
> tudo será criado,
> e renovareis a face da terra.

Igualmente, nos recomenda viver ao máximo a graça do sacramento da confirmação, pela qual *"o Espírito Santo comunica em abundância todas as forças necessárias para ser um perfeito cristão"* (ED II, 25). Pois *"o Espírito Santo nos faz crescer espiritualmente em Jesus Cristo até a idade da maturidade"* (ED II, 26).

Mas como saber se é o Espírito de Jesus Cristo que nos inspira?

Para Chaminade, o desejo de santidade continua sendo uma atitude prioritária. Também nos convida a julgar, não apenas o objetivo de nossos atos, mas também nossos motivos, as razões que nos fazem agir mais ou menos inconscientemente, com o fim de orientá-los melhor para Deus. E nos propõe esclarecer nossa maneira de viver, evitando as ilusões, a precipitação, as diferentes tentações. É preciso que o Espírito Santo se converta *"em nosso dono total"* e que nos faça viver inteiramente do amor a Deus em Cristo Jesus (EO 506-509).

O amor a Deus... Este é o centro de toda santidade e o centro de toda oração. *"Semelhante ao fogo, (o amor) se eleva sempre* — diz Chaminade —, *tende, sem cessar, a perder-se no imenso centro de sua esfera,* um centro que é o próprio Deus, o Deus Trino e Uno. *"O amor nunca fica ocioso [...] e o Espírito Santo, que é amor [...]"* não para de nos impulsionar para essa *"chama viva de amor",* na qual, como o cervo do salmo, encontramos *"frescor e descanso"* (EP II 210 a 213).

> Pai, por teu Filho Jesus,
> feito Filho de Maria,
> dá-nos o teu Espírito.

Décimo quinto dia

SEMELHANÇA COM CRISTO

> Somos todos obrigados a ser semelhantes a Jesus Cristo. São Paulo nos ensina isso, quando diz que Deus nos predestinou a ser conformes à imagem de seu Filho (Rm 8,29) (ED II, 471).

Toda a doutrina espiritual de Guilherme José Chaminade conduz a esta evidência: *"O ápice da perfeição (santidade) cristã [...] é a semelhança mais perfeita possível com Jesus Cristo"* (EM II, 70). Inclusive, chega a escrever que *"ninguém pode se salvar, a não ser que tenha alcançado uma grande semelhança com Jesus Cristo e que Deus nos predestina apenas a ser semelhantes a Jesus Cristo"* (EM II, 70).

Com efeito, a santidade cristã só pode consistir na imagem de um único Santo, Jesus Cristo. E o "método" espiritual de Chaminade, como vimos, é apenas um caminho que quer levar a essa felicidade.

Depois de recordar as raízes da conformidade com Cristo, preconizada por Chaminade, depois de descobrir o papel de Maria, modelo e agente de nossa semelhança com Cristo, seu Filho, veremos como viver *"conformes a Jesus Cristo, para apresentar perante o mundo o espetáculo de um povo de santos"*, de testemunhos do amor, e para participar amanhã das bodas do cordeiro.

Raízes da semelhança com Cristo

As raízes da semelhança com Cristo são, antes de tudo, bíblicas.

O próprio Cristo disse: "Se alguém quer vir atrás de mim, diga não ao seu egoísmo, carregue sua cruz e me siga. Porque quem quiser salvar sua vida, ele a perderá, mas quem perder sua vida por mim, ele a encontrará" (Mt 16,24-25). Seguir Cristo: este é o "grande chamado" que nos é dirigido. E o apóstolo o confirma, quando diz que Deus "nos predestinou a todos a reproduzir a imagem de seu Filho, para que fosse Ele o primogênito entre muitos irmãos" (Rm 8,29).

Seguir Jesus, depois de tê-lo "encontrado", é experimentar cada vez com maior força o desejo de percorrer o mesmo caminho que Ele, um caminho de vida, morte e ressurreição. Ele, o Filho do Altíssimo, rebaixou-se até o final e assumiu a condição de escravo para trazer a felicidade aos homens. Esse é o percurso obrigatório para todo discípulo.

Maria, modelo e "agente" de nossa semelhança com Cristo

Que outro modelo, melhor que Maria, neste caminho da vida?

Com efeito, Maria é a imagem humana mais perfeita de Jesus e, portanto, o exemplo (ou o protótipo) de todo cristão. O Vaticano II no-la apresenta como "figura e modelo da Igreja [...] quanto à disposição da fé, da caridade e da união perfeita com Cristo" (*Lumen Gentium* 63). Chaminade, por sua vez, chega a dizer que a *"imitação de Jesus Cristo (passa) pela semelhança com Maria"* (EM II, 608), porque Maria *"correspondia (a seu Filho) com a mais perfeita e inteira fidelidade"* (ED II, 479). Efetivamente, quando, *"segundo a natureza, Jesus Cristo recebia a vida de Maria, do mesmo modo, na ordem da graça, Maria re-*

cebia a vida de seu divino Filho e era em tudo semelhante a Ele. Os traços dessa conformidade eram da mais alta perfeição" (ED II, 479).

Ao mesmo tempo em que Maria concebia e dava à luz seu Filho, concebia e dava à luz, igualmente, os crentes. *"A fé em que o Filho de Deus se fazia homem, foi para Maria, no momento da encarnação* — escreve Chaminade —, *esse grão de trigo semeado em sua alma que a fez conceber Jesus Cristo, por obra do Espírito Santo, e a todos os predestinados"* (ED II, 467). Essa realidade se manifestará ao pé da Cruz, como vimos. Como o próprio Cristo, é em Maria e com Maria que devemos "trabalhar" para nos assemelharmos ao Senhor, já que *"no seio virginal de Maria, Jesus Cristo quis formar-se à nossa semelhança; também nós devemos formar-nos à semelhança de Jesus Cristo no seio de Maria"* (ED II, 338).

Como viver em conformidade com Jesus Cristo

Para viver em conformidade com o Cristo Jesus (ou seja, para sermos santos), primeiro temos de manter em nosso coração (pela fé do coração) uma relação privilegiada de amor com Cristo; em seguida, imitar suas virtudes e nos unirmos à sua missão no seio da Igreja, corpo de Cristo.

Uma privilegiada relação de amor

Viver uma relação privilegiada de amor com Cristo é o mesmo que nos associarmos, através da oração e da meditação, aos mistérios da encarnação e da redenção. Ao se tornar filho de Maria pela encarnação, Jesus, como tal, tem um rosto e um comportamento que correspondem aos nossos, e, por isso, podemos imitá-lo. Por que não meditar os mistérios de sua vida, seguindo o rosário, por exemplo, desde os mistérios da infância de Jesus (anúncio da encarnação, visitação, nascimento de Jesus, apresentação no Templo, vida cotidiana da sagrada família em Nazaré), passando pelos mistérios da vida pública e da Paixão de Cristo (as bodas de Caná, a agonia de Jesus, Jesus coroado de espinhos, Jesus com a cruz às costas e sua morte na cruz), até os mistérios gloriosos de Cristo (a ressurreição, a ascensão, a vinda do Espírito Santo, a assunção e a glória de Maria)?

Mediante essa oração, a própria Maria nos inicia na meditação-contemplação da vida, morte e ressurreição de seu Filho. *"Quem melhor que ela, que participou tão ativamente dos mistérios da Encarnação e da Redenção, poderia nos iniciar nesses mistérios?"* (EM II, 737).

Viver uma relação privilegiada de amor com o Cristo consiste também em "permanecer dóceis à ação do Espírito Santo", que mantém em nós essa *"chama viva de amor"* ao Mestre.

Imitar as virtudes de Cristo

Jesus praticou todas as virtudes. Chaminade nos dá uma lista, inspirada em M. Olier: *"Jesus Cristo praticou todas as virtudes até a mais sublime perfeição..."* (ED II, 405). E cita a humildade do Senhor, sua paciência, sua mansidão, sua pobreza, seu amor (principalmente à sua mãe)... Virtudes que servem para dar maior relevo à sua virtude mais sublime, a de sua obediência ao projeto do Pai de salvar a humanidade perdida. Ele, sendo de condição divina — diz o apóstolo —, tomou nossa condição de homem por amor. Até descer aos infernos... *Descendit ad inferos*, diz o Credo. Chaminade gostava de repetir: *"Sendo Filho de Deus, ele se fez Filho de Maria para a salvação (felicidade) dos homens"*. Ao fazer-se homem, converteu-se em caminho de Deus para nós e foi para nós caminho para Deus. E, ao fazer isso, mostrou-nos o caminho. Não há outro. Um caminho que nos propõe aprontarmo-nos para o serviço, fazermo-nos servos iguais a Ele, servos dos mais pobres, com os pés descalços como Ele, servos do amor e, como Ele, amando até o extremo. Só então a missão adquirirá seu verdadeiro sentido.

Integrar-se à missão da Igreja, corpo de Cristo

Assim, pois, imitar Jesus é, fundamentalmente, comungar com sua pessoa, mas é também participar de sua missão, como fez Maria. O Vaticano II enfatizou maravilhosamente: "Maria [...] foi feita Mãe de Jesus e, abraçando a vontade salvífica de Deus [...], consagrou-se totalmente, qual escrava do Senhor, à Pessoa e à obra de seu Filho" (*Lumen Gentium* 56). Como Maria — dizia Chaminade —, *"todos vós sois missionários"*.

Imitar Jesus é viver essa missão como Igreja, corpo-Humanidade do Cristo. É submeter-se com toda a Igreja à dependência do Espírito Santo e aceitar assistir a Maria em sua missão: fazer que o servo, seu Filho, o Cristo, seja conhecido, amado e servido. É levar sua colaboração — pois a santidade é também *"obra do homem"* — ao trabalho do Espírito em nós, mediante a fé — sobretudo a fé do coração —, a oração e a meditação. Já sabemos que, para Chaminade, *"a oração é o eixo sobre o qual gira toda a vida cristã"* (L V 1269) e, por conseguinte, também a conformidade com Cristo.

Assim em nós se cumprirá, progressivamente, ao longo de nossa vida terrena, a conformidade com Jesus Cristo, boa-nova para os homens de hoje. E tal como desejava Chaminade, poderemos *"apresentar ao mundo o espetáculo de um povo de santos"*, um povo de testemunhas para nosso tempo, guiados por Maria, "já glorificada no céu em corpo e alma" e que nos apresenta "a imagem e o princípio da Igreja que haverá de ser consumada no século futuro" (*Lumen Gentium* 68). Então, Jesus, o Senhor da Glória, voltará, para reunir na unidade do amor todos os "santos", em seu corpo de servo sofredor e ressuscitado.

Maranatha! Amém, vem, Senhor Jesus!

BIBLIOGRAFIA

1. Escritos de Guilherme José Chaminade

- *Écrits d'Oraison*, Fribourg, Suíça, 1969.
- *Écrits et Paroles*, tomos publicados: I, II, V.
- *Lettres,* tomos I a V: Nivelles, Bélgica, 1930.

Tomos VI a VIII, AGMAR, Roma, 1970.

- *Recueil de prières et de pratiques...*, Bordéus, 1801.
- *Manuel du Serviteur de Marie*, Libourne, 1815.
- *Écrits de Direction*, três tomos, Fribourg, 1966.
- *Écrits sur la Foi*, Paris, 1992.

2. Ensaios e análises sobre a obra de G. J. Chaminade

- *Esprit de notre fondation*, tomos 1, 2, 3, Nivelles, Bélgica, 1910.
- J. Simler: *Guillaume-Joseph Chaminade, fondateur de la Société et de l'Institut de Filles de Maries*, Paris, 1902.

- P.-J. Hoffer: *La Vie spirituelle d'après les écrits du P. Chaminade*, Roma, 1969.
- J. Verrier: *La Congrégation mariale de M. Chaminade*, 5 vols. inéditos.
- J. Verrier: *Jalons d'histoire sur la route de G.-J. Chaminade*, 4 vols. inéditos de textos e de notas.
- E. Neubert: *La Doctrine mariale de M. Chaminade*, Le Cerf.
- E. Neubert: *La Vie d'Union à Marie*, Alsácia 1957.
- E. Neubert: *Marie dans le dogme*, Spes 1954.
- J.-B. Armbruster: *Avec Guillaume-Joseph Chaminade, connaître, aimer et servir Marie*, Paris 1982.
- L. Gadiou et J.-Cl. Délas: *Marianistes en mission permanente*, Paris, 1972.
- Vincent Gizard: *Petite vie de Guillaume-Joseph Chaminade, fondateur de la Famille marianiste*, DDB, 1995.
- Vincent Gizard: *Le Temps des prophètes*, Paris 1992.

Essas obras encontram-se em Marianistes – 44, rue de la Santé – 75014 – Paris.

ÍNDICE

Introdução 7
Abreviaturas 11
Vida de Guilherme José Chaminade 13

1. Viver na presença de Deus 23
2. Rezar com Cristo sem cessar 32
3. Permanecer firmes na fé 41
4. "A meditação de fé" 50
5. Orando sobre o Símbolo 59
6. A "fé do coração" 67
7. No coração do Deus Trino e Uno 75
8. Orar com Maria, Orar a Maria 83
9. Em aliança com Maria 92
10. "Todos Missionários" 101
11. Entregar-se a São José 109
12. Orar como Igreja 117
13. Um povo de santos 125
14. Conduzidos pelo Espírito 133
15. Semelhança com Cristo 140